中国科协学会学术部项目资助

# 突破传统

## ——社团的五项根本性变革

[美] 哈里森·科华　玛丽·拜尔斯　**著**

朱晓红　李长文　汪伟楠　**译**

中国科学技术出版社

·北　京·

**图书在版编目（CIP）数据**

突破传统：社团的五项根本性变革 /（美）哈里森·科华,（美）玛丽·拜尔斯著；
朱晓红，李长文，汪伟楠译.—北京：中国科学技术出版社，2019.2
　　书名原文：*RACE FOR RELEVANCE: 5 Radical Changes for Associations*
　　ISBN 978-7-5046-7838-6

　　I.①突…　II.①哈…②玛…③朱…④李…⑤汪…　III.①社会团体—管理—研究
IV.① C912.2

中国版本图书馆 CIP 数据核字（2017）第 291891 号

This is the translation of *RACE FOR RELEVANCE: 5 Radical Changes for Associations* © 2013
by Harrison Coerver and Mary Byers. It is translated and published by arrangement with Association
Management Press, Washington DC, USA. **All rights reserved.**

著作权合同登记号：01-2016-0157

　　本书中文版由美国社团管理者协会和美国社团领导力中心授权中国科学技术出版社独家出
版，未经出版者许可不得以任何方式抄袭、复制或节录任何部分

| | | |
|---|---|---|
| **责任编辑** | 单　亭　崔家岭 | |
| **装帧设计** | 中文天地 | |
| **责任校对** | 杨京华 | |
| **责任印制** | 马宇晨 | |
| **其他参译人员** | 王　迪　郝甜莉　贾璐璐　谢益桂　李　娉　王　欢 | |

| | | |
|---|---|---|
| **出　　版** | 中国科学技术出版社 |
| **发　　行** | 中国科学技术出版社发行部 |
| **地　　址** | 北京市海淀区中关村南大街16号 |
| **邮　　编** | 100081 |
| **发行电话** | 010-62173865 |
| **传　　真** | 010-62179148 |
| **网　　址** | http://www.cspbooks.com.cn |

| | | |
|---|---|---|
| **开　　本** | 787mm×1092mm　1/16 |
| **字　　数** | 160千字 |
| **印　　张** | 10 |
| **版　　次** | 2019年2月第1版 |
| **印　　次** | 2019年2月第1次印刷 |
| **印　　刷** | 北京盛通印刷股份有限公司 |

| | | |
|---|---|---|
| **书　　号** | ISBN 978-7-5046-7838-6 / C·104 |
| **定　　价** | 38.00元 |

# 序　言

这是一本关于变革的书，根本性的变革。

无论你是社团中的一名带薪专职工作人员还是志愿者领袖，你可能已经注意到，一百多年前创建的社团运作模式，在今天已经不再像以前那么有效。你可能已经亲身经历过这些挑战：市场份额的流失，对会员有限时间日益激烈的竞争，收入来源的减少。你也已看到不可逆转的趋势——技术的迅猛发展，更高的会员预期，竞争的加剧以及多种多样的会员市场，这种趋势导致传统的模式和公认的做法过时了。

巨变锐不可当且持续不断。也许最大的挑战就是，新的竞争对手开始挑战社团管理，同时互联网已颠覆了传统的信息传递模式。但改变甚微的是：社团的运作模式。还是采用相同的治理方式，提供相同的服务，采取相同的沟通方式。然而大多数社团都在其市场和会员方面经历着巨大的变化，相应地，为跟上世界快速变化的脚步，社团能力也需要相应的改变。

经济社会已经发生巨大变化，但是大多数社团仍旧墨守成规，这并不奇怪。社团志愿者领袖们忠实地效仿他们的前辈，本届理事会的功能效仿往届理事会的，本届执行委员会的工作流程也延续着往届执行委员会的工作流程，本届理事长也在重复往届理事长的做法。

秘书长和资深员工已经从他们的前辈、同侪和职业发展规划中学到其思维模式和管理风格。这种传统典型的社团已经通过几代人的专业管理沿袭至今，没有接受过太多挑战或尝试创新的想法。这种做法理由很充分：几十年来，这种传统的社团管理模式是有效的。

然而，这种社团传统模式今时今日已不再适用。由于环境与形势瞬息万变，这种模式的有效性未来将会降低。虽然目前大多数专业性社团和学术性社团没有受到直接的威胁，但是如果依然坚持传统的社团运作模式和治理结构的话，这些组织将会面临威胁。它们能够维持生存但不会成长壮大；它们能够发挥功能但缺乏活力；它们能有会员但其市场份额将减少；它们能够维系自身的存在但其影响力将会下降。

今天的社团正处于一个突破传统的竞赛过程中。竞争激烈，发展速度飞快，社团面临严重滞后的风险。更糟糕的是，有些组织可能已经彻底退出竞争。

所以一个社团专职工作人员或志愿者领袖应该做些什么呢？像士兵一样战斗，希望事态变得更好？或是挑战现状，希望能够保住某人的工作（如社团员工队伍），维系某人在组织内部的声誉和地位（如志愿者领袖）？

环境的改变需要一个组织采取不同的方式和方法去应对。当环境发生显著的变化时，仅靠渐进式的调整是不够的，需要的是根本性的变革。实施根本性的变革，其本质就是必须要挑战我们固守的基本思维方式。

本书适于专业性社团和学术性社团的管理人员及志愿者领袖们阅读。本书是关于在如何运作社团、如何领导和管理社团、如何看待会员、如何架构组织和提供社团项目和服务等方面进行根本性变革的书。本书阐述了关于社团思维方式的重大变革。本书献给那些希望组织发展而不只是维持生存的社团领导人和志愿者们。它为当前社团领域发展提供了一个大胆的、严肃的分析框架，将会带领社团走向繁荣的明天。

虽然这本书并不是建立在一个正式的研究基础之上，但我们的研究是基于几十年的社团工作实践，从制造行业到建筑行业，到兽医行业到牙科行业，从分销到农业，从汽车经销商到医疗保健、银行、电力合作社。本书涉及社团面临的各种各样的挑战，包括调整会员类别、寻求资金进行创新、并购、战略方向的确定、坦然面对会员数量下降、重塑组织文化。相信你会发现本书信息量丰富，且阅后能深受鼓舞。

知道挑战现状是一回事，从根本上改变现状是另一回事。因此，本书不仅明晰五大根本性变革，这些变革将激励社团重新定位从而获得更好的绩效；本书还增加了案例研究，这样你就可以从真正的工作实践中学习，包括理论分析中没有提到的。基于在超过 1000 多家社团 40 年以上的工作经验，本书所展现的新征程将使社团在治理、管理和战略等层面有更深入的思考。更重要的是，本书提供了一个可操作的指南，社团可以理性地实施改革且不会丧失社团的影响力。

除了为当今社团如何重塑组织形象来应对市场压力提供一个视角，本书还为经验丰富的专业人士和未来领导人设计了工作表和问题清单。这些规划工具提供详尽、实用的路径来指导社团改革，帮助你不仅仅聚焦于"是什么"，还关注更为重要的"为什么"和"怎么做"。

在阅读案例研究和工作表的过程中，相信本书已经为你准备好行囊开启突破社团传统之征程。至少，可以使用本指南与你的领导进行一次引人深思的讨论。通常，在专职工作人员和 / 或与志愿者之间的非正式谈话意味着重大变革的开端。创新的点子，一旦无意间开始讨论，便开始扎根并不断成长。当一次对话引出另一次对话，为一种新的行为方式奠定基础，这种变革带来的效益便会具体显现出来。

Harrison Mary

# 目 录
CONTENTS

序 言

第一章　改变势在必行……………………………………… 1

第二章　全面改革治理模式……………………………… 25

第二章　委员会的改革…………………………………… 47

第四章　CEO 赋权与员工增能………………………… 55

第五章　合理确定会员市场……………………………… 73

第六章　优化项目、服务和活动……………………… 91

第七章　弥合技术差距，构建未来框架………………113

第八章　成功的策略………………………………………135

致　谢……………………………………………………………145

推荐阅读……………………………………………………147

# 第一章　改变势在必行

　　传统的社团运作模式是由志愿者管理和决策、由会员支持的，并不再像之前那样有效。大多数社团是由传统模式驱动的，发展缓慢、不愿冒险。其特点是提供范围广泛的项目、服务、产品和活动。该模式与办公会、理事会、会员代表大会和专业研讨会等各类会议面对面的互动密不可分。尽管情况有所变化，但大多数社团仍然严重依赖于印刷出版物、通讯和信息传递开展工作。

　　曾几何时，企业自动加入行业性社团，缴纳会费、参加会议，并自愿参加理事会和委员会；专业人士顺理成章地加入他们的学术性社团，缴纳会费、参加会议，并自愿参加理事会和委员会。但是现在一切都变了，美好已逝永不回，往事只能回味。

　　现在，专业人士期望从他们的投资中得到价值，公司需要的是回报。会员都非常忙碌，因此限制了会员参与的能力。会员利益多元化且相互冲突，会员对会员资格也有着各种各样的需求和期望，并且每代人之间的代沟会越来越大。技术为会员提供了无数的选择和无限地、即时地获得产品和服务的路径，这些服务和产品来自于社团之外，且更加便利。

　　如果你浏览了社团的出版物，你会认为一切都很好。但事实是许多社团正在苦苦挣扎中，努力维持会员、激发并提升会员参与度、吸引志愿者，并与其他服务和产品竞争。这些社团在突破传统模式的征途上正走向没落。

虽然大多数行业性社团和专业性社团并没有受到直接的威胁，但如果墨守成规，它们就将面临威胁。行业性社团仍然会有自己的会员，但它们将失去市场份额和影响力。专业性社团仍然会有自己的会员，但当其会员平均年龄提高时它们将失去相关性。如果稍有不慎，社团将面临走一些社区和民间组织老路的风险。

事实上，国际青年商会仍屹立不倒，圣地兄弟会 ① 仍如影随形，扶轮社 ② 仍轮流开会，哥伦布骑士团 ③ 、同济会 ④ 、狮子会 ⑤ 也都仍与我们同在。但就像罗伯特·普特南在《独自打保龄》一书中所提到的，这些共同体和民间组织以及其他类似组织，直到 20 世纪六七十年代还在持续成长和蓬勃发展，此后它们开始经历会员数量大幅下降的局面。普特南把这种

---

① 圣地兄弟会成立于 1870 年，总部设在美国佛罗里达，附属于共济会。该组织致力于个人成长，为儿童和家庭提供医疗救助——译者注。

② 扶轮社成立于 1905 年，是依循国际扶轮的规章所成立的社会团体，以增进职业交流及提供社会服务为宗旨；其特色是每个扶轮社的成员需来自不同的职业，并且在固定的时间及地点每周召开一次例行聚会。每个扶轮社都是独立运作的社团，但皆需向国际扶轮社申请通过后才可成立，通常会以所在地的城市或地区名称作为社名。扶轮社创立之初，定期聚会是每周轮流在各社员的工作场所举办，因此便以 rotary（轮流）命名——译者注。

③ 哥伦布骑士团成立于 1882 年，是一个基地在美国康涅狄格州纽黑文的慈善组织。该组织通过致力于教育、慈善、社会福利、战争救助以及公共救助，为纪念哥伦布而命名——译者注。

④ 同济会成立于 1915 年，是一个以"关怀儿童，无远弗届"为任务目标的非营利组织，国际同济会的总部在美国印第安纳州的印第安纳波利斯。该会原本的宗旨在于促进成员间的商业交流和帮助穷困。1919 年国际同济会选择以服务为重心。在 1987 年以前，这个组织只有男性参加，然而在该年开始加入女性成员后，女性成员的比例日渐提高——译者注。

⑤ 狮子会成立于 1917 年，以"成为社区和人道服务的全球领导人"为愿景，旨在"透过狮子会，赋予义工能力服务于他们的社区，满足人道需求，鼓励和平并促进国家间之理解"。国际狮子会的英文名称是"LIONS"，其中"L"代表 liberty（自由），"I"代表 intelligently（智慧），"O"代表 our（我们的），"N"代表 nation's（国家的），"S"代表 safety（安全）——译者注。

衰落趋势归结为四个原因：时间和金钱的压力、流动性和扩张性 [①] 、电视和代际差异。

结果是，像家长教师社团在 1990 年到 1997 年失去了 50 万名成员。国际狮子会在 1978 年从其高峰期的 57 万名会员减少了大约 20 万名成员（《休斯敦记事报》，2009 年 9 月 14 日）。

甚至赛会也在这场竞赛中逐渐失去优势。国际肥皂盒赛会 [②]（一个非营利组织）的竞赛参与人数从 5 万下降到 1.5 万，另外，如利维施特劳斯和雪佛兰等公司也削减了他们的赞助。《华尔街日报》报道："赛会的问题是，它要花费大量精力去应对这一事实——世界已经发生变化，但这项持续了 75 年的赛事却没有变化。"广场舞也没有太多改变，因此美国联合广场舞蹈团 [③] 从 20 世纪 70 年代的 100 万会员下降到今天的 30 万会员。为之唏嘘的是："吸引年轻人并不是一件容易的事……并且年长的舞者抱怨年轻人太吵，不尊重传统的服装或音乐。"

影响当今行业性社团和专业性社团的趋势是相似的。因此，它们是在同一次突破传统的竞争之旅中，许多民间和社区非营利组织目前也在衰退。一旦进行这五项根本性的变革，社团将会茁壮成长，而不仅仅只是维持生存。

- 彻底变革治理模式和理事会运作方式。
- 向首席执行官赋权，提高专职工作团队的工作能力。
- 严格定义会员市场。
- 项目和服务合理化。
- 建立一个强大的技术框架。

这些变革将造就精简和灵活的社团治理；造就一支有竞争力的专业团

---

① 畸形的城市化进程，造成畸形市郊化、市中心空心化，产生长距离、长时间、高强度通勤生活方式——译者注。

② 国际肥皂盒赛会是一个国际非营利组织，其使命是通过合作和公平、诚实的竞赛，创造有意义的人生经历，构建人的知识体系和性格。另有译为国际皂飞车赛——译者注。

③ 美国联合广场舞蹈团成立于 1981 年，号称是世界最大的广场舞社团，是由舞蹈者建立、为舞蹈者服务、由舞蹈者管理的组织——译者注。

队，在工作中与志愿者领袖形成真正的伙伴关系；这些变革将形成一个现实的、界限清晰的、更易于发现的会员市场，让会员满意并受益的服务供给市场；形成日益增长的经济资本与人力资本。

一些社团已经尝试上述变革。但往往，这种尝试是三心二意的。典型的做法是，社团不是进行根本性的变革，而是通过以下途径回应环境的变化：修修补补、装腔作势或是拭目以待。然而，这其中没有一种途径足以应对社团如今所面临的挑战。

**修修补补**。社团管理人员和志愿者领导对他们的工作流程或结构做出一些小小的调整：将几个委员会变为特别工作组，从其超大型理事会中裁减了几个人，试图向互联网转型，把一些会议和活动制度化、常态化，调整会费和会员分类。但一直以来强大的传统以及一直以来维系传统的方式，抑制了势在必行的更大范围的变革。

**装腔作势**。社团的工作人员意识到，传统的做法不起作用，但他们不敢打破现状。他们同意理事长的议事议程，执行作用甚微的理事会议案，授权不合格的志愿者担任"领导"，举办没有新意的会议。有些人承认社团的困境。另外，由于知道没有机会增加会费收入，只能偷偷地寻找非会费收入机会以平衡日益增长的运作成本。对环境变化缺乏回应的人，都是一些不作为的管理者，社团需要根本性的变革，他们不会从中获得更多利益，只会失去更多。

**拭目以待**。现在的社团有一种倾向，把管理创新视为时尚而大谈特谈。快速浏览社团的出版物和会议发言就会发现确实如此。也许至少这也是一种心照不宣的默契：当前这一切都不好，必须有所作为。更多的管理时尚仅是一些核心观点，而不是必要的创新的实践与路径。但即使是他们尽职运用这些管理技巧，其积极影响也会被一个有根本性缺陷的治理和运作结构所抵消。

在提及解决传统社团弊端的方法时，顾问和其他观察员经常建议采用商业模式。"社团应更务实。它们应该像企业一样经营。"他们说道。

作家和顾问吉姆·柯林斯不同意。在最近的一部名为《从优秀到卓越

（社会组织版）》（*Good to Great and the Social Sectors*）的专著中，他写道："我们必须摒弃这一本意是好的但大错特错的想法——社会领域通往卓越的首要路径是变得更像一个企业。"

如果"企业化"意味着聚焦于生产利润或抬高股票价格，那么我们同意柯林斯的观点。但如果"企业化"意味着战略规划、优化资源、高效持续运作、建立和维护有效体制，并保持各司其职各负其责，那么采用企业实践模式对组织而言是有意义的。

无论你是一支足球队、一所大学、一个政府机构、一家公司、一支军队，或者你是一个社团，这并没有什么区别。要想运作成功，你必须有一定的结构和工作流程。另外，所有组织必须有工作重点和发展方向，所有组织必须为关键结果领域 ① 协调配置资源，所有的组织都需要坚持个人和部门责任制，所有的组织都需要优化资源。

作为作者和顾问，帕梅拉·威尔考克斯在《全貌：创建杰出的非营利机构》中写道：

> 约瑟夫·噶莱斯奎兹（Joseph Galaskiewicz）和沃尔夫冈·比勒费尔德（Wolfgang Bielefeld）用了超过15年的时间研究明尼阿波利斯圣保罗都会区公益慈善样本，他们的研究成果具有启发性。这项研究成果清楚地表明，非营利组织变得更加企业化并非坏事，事实上，捐款、商业收入、志愿者和专业人员因此而均有着显著的增长。对那些抵制商业模式的部门的研究结果，实际上同样表明企业化不是坏事，对于会员管理部门而言，研究结果甚至显示企业化会更有利。

---

① 关键结果领域（key result areas）是为实现企业整体目标、不可或缺的、必须取得满意结果的领域，是企业关键成功要素的聚集地。它是对组织使命、愿景与战略目标的实现起着至关重要的影响和直接贡献的领域，是关键要素的集合。杜拉克认为企业应当关注8个关键结果领域：市场地位、创新、生产率、实物及金融资产、利润、管理者的表现和培养、员工的表现和态度、公共责任感——译者注。

与企业不同的是，社团不必把重心牢牢聚焦于底线上。相反，它们面临的明确的挑战是怎样帮助会员获得更大的成功，确定如何用简易方便的方式提供价值。不仅如此，社团获得更多成功的方法是帮助会员获得成功。

本书中提出的根本性变革意味着，社团与其他任何组织相比没有什么不同，在任一组织中，都应该使组织的资源获得最大效益和最佳配置，运用完善的管理手段。获得绩效的实践做法是让个人和单位各负其责，并有明确的方向与重点。他们还必须抛弃那些通常由于环境的变化而不再有效的实践做法。

根本性的变革，而不是渐进的变化，是必要的，因为环境已发生巨变而社团并没有保持同步。现在市场上存在六个现实状况，而 25 年前并不存在，这些已经不可逆转地改变会员组织的活动领域——时间、价值预期、市场结构、代际差异、竞争和技术。

让我们概览一下这几个议题是如何影响社团运作的，是如何开启突破传统之旅的。

# 时　间

美国人现如今比以前更忙碌了。长日漫漫，人们的日程表满满的，行程多多的。

以下几个大趋势造就了时间紧迫的环境。第一，美国人承担了更多的工作是一个不争的事实。《2008—2009 年美国工作状况》表明美国人的工作时长 2006 年比 1979 年增加了 568 小时，超出其他发达国家的工作人员。雇员试图平衡工作需求与他们渴望的空闲娱乐以及与亲朋团聚的时间，这导致了"工作 / 生活冲突"。双收入家庭是时间紧迫的主要根源。根据美国劳工统计局统计，1950 年双收入家庭数量不足 5%，如今却超过了 80%。1960 年，家中有不满 18 岁孩子的女性工作的比例为 28%，到 2009 年，这一比例上升到 71%。这导致了夫妻俩为谁来照顾孩子处理家务事而争吵，这些以往是由在家工作的配偶负责处理的。

2010 年 4 月 21 日的美国殡葬师协会（National Funeral Directors Association）公布了一项社团调查结果，这项调查针对那些从来没有在委员会、全理事会、会员代表大会或地方殡葬服务协会服务的人。当问及他们没有参与协会的原因时，回应者中 41% 的人表示"没有时间"。

事实上，美国达美航空公司的首席执行官，每周工作要花费 70 个小时，他说"更愿意读一本书或者看一场比赛"也不愿意参加行业社交聚会。他还表示他更愿意与妻子孩子在一起（《今日美国报》，2007 年 11 月 22 日）。谁又能责怪他呢？

除了工作 / 生活时间冲突，人们现在面临的挑战是管理技术被越来越多地广泛应用。让生活更舒适的方式应是对时间的大量消费。工作伴随着人们的家庭生活和假期。15 年前并不存在的网购、视频游戏和其他网上活动也在吞噬着原有的有效时间。

这种现象的影响几乎不限于社团。因家庭休假时间较短，旅游业受到影响；因为计算机游戏和社交网络占用了听音乐的时间，娱乐业面临挑战；因为越来越多的雇员把时间看得比金钱重要，美国企业的薪酬受到影响；因为人们没有时间做饭和购物，促进了快餐和零售业的发展。

最近一个引人注目的例子是孩之宝① 桌游。大富翁游戏的销售额下降，孩之宝展开了针对目标观众的调研来确定原因。孩之宝焦点小组一个 12 岁的孩子说："我们真的很忙。"为了应对满负荷的时间表，孩之宝推出了大富翁、字谜游戏、致歉游戏等新的版本，把游戏设计成在 20 分钟或更短时间内结束。大富翁游戏有个重大新玩法：不需要现金或游戏币，所有的道具列在 12 个方格上。

尽管时间紧迫，社团仍在继续按照传统方式运作，就好像人们随时有时间参加日程表规划的会议，期待主要的志愿服务者做出时间承诺，印刷那些

---

① 孩之宝（Hasbro）是一家世界级的品牌娱乐公司，旨在为儿童和家庭提供全方位沉浸式的娱乐体验。从玩具和游戏，到电视节目、动画片、电子游戏及全方位的授权节目，孩之宝力争让全球消费者从它众多知名而深受喜爱的品牌中获得乐趣，这些品牌包含了国内消费者耳熟能详的万智牌、变形金刚等——译者注。

人们只有时间浏览而无法深度阅读的出版物或快讯。未来的社团将会需要采取闪电速配——类似约会的方法来保持与各界的联系。

每人每天依然有 24 小时，这个没有改变。改变了的是美国人想在这 24 小时内抓住多少时间，他们的"待办事项"没完没了，他们的一天是漫长而满负荷的。他们过着复杂的生活，每天都需决定如何花费其宝贵的时间。

所有这些发生在我们周围的同时，社团也继续着它们的时间紧迫模式。参加理事会或委员会的时间，参与基层政治活动的时间，阅读社团通讯和杂志的时间，参加研讨会或会议的时间，为社区服务项目做志愿者的时间。时间、时间、还是时间！

这些活动是假设普通会员能花时间了解社团及其给自己带来的机遇。但事实上会员的时间如此紧迫，以至于仅仅得到会员的关注如今看来就已经是个相当大的挑战。大多数社团试图加大与会员沟通的力度，结果是这一挑战变得复杂，导致会员对社团的关注度更低，而不是更高。

一些社团的高管感叹，会员们称赞社团的活动和服务而后却表示他们没有时间参加这些活动。这些评论往往来自于会员的面谈，退会会员说："你们的活动和会议太棒了，只是我没有时间参加。"

"我没有时间"代表着"我有时间做更好的事情"。任何情况下当会员说他们"没有时间"是对拟定活动或项目价值的控诉。人们有时间做：

- 有意义的项目
- 有助于完成工作的主意
- 有趣的倡议
- 他们所关心的公益事业
- 有趣的活动

你的社团在设计项目或创造志愿服务机会的时候会考虑以上因素吗？如果是的话，那么你的社团将比那些不考虑上述因素的社团更能成功。

行业性社团和专业性社团有着让参与社团活动的志愿者进驻理事会、委员会和特别工作组的传统，因此，在一些社团（当然是较小的社团），志愿者的参与是一个关键的人力资源。多年来，会员组织依赖于志愿者，以使他们能与行业或专业发展变化齐头并进，设计新的项目和活动、了解行业或行业的变化、制定新的计划和活动、提供实施项目的核心动力。时间的压力已经损耗了志愿者资源，而社团面临的挑战日益增加。但我们依然墨守成规坚持旧有的模式同时还希望事情会好转。事实上，不会好转的。

国际少年联赛协会（The Association of Junior Leagues International）在失去了 20% 成员的 10 年后，提出要抓住这个发展趋势。为了与新一代女性会员保持联系，该组织正在进行重大的重组（《华尔街日报》，2010 年 6 月 18 日）。联盟协会面临更为激烈的志愿者组织竞争格局，尚未适应女性需要的变化，这些女性工作的时间更长，投身公民服务的时间更少。

还记得吗？曾几何时，志愿者在社团里提供服务的经历就相当于他们在社团里的职业生涯：他们会在一个委员会服务几年，担任几年这个委员会的主席，作为理事会理事再服务几年，而且很有可能再担任四五年的领导层职务。而且这种模式可以先在州或地方性社团进行，然后再在全国性社团重复，结果就是 10 年甚至更长时间的志愿服务。

现在，志愿者们仔细研究着其应尽的义务，这以前从来没有过。他们忙着兼顾各种需求。他们期望得到时间投资的回报，这是很多组织难以实现的。而且很多情况下，他们所拥有的志愿服务经历没有任何效率和效果，而且他们也不再简单地去寻找那些所谓的更多机会，只是参加需要耐着性子挺到最后的毫无意义和效果的会议，只是在别人做的决策上盖上自己的橡皮图章，或者参加路上要耗费几个小时的会议。而这些会议持续时间少于奔赴会场的时间。

时间问题很难解决。我们可以记录出席率、电子邮件阅读率、志愿者参与水平。但是时间问题在其他领域并不是很明显。这是一个影响会员组织的无形但却重要的力量。时间匮乏已经像流行病一样蔓延开来，这一短缺很可能是社团的头号敌人。

# 价值预期

我们观察到在 20 世纪七八十年代发生的微妙变化：会员开始要求社团提供与所收到的会费相匹配的回报。

对行业性社团和专业性社团日益增长的期望，根源于消费行为。在 20 世纪 70 年代和 80 年代的几十年里，消费产品和服务公司有显著增长。7600 万在婴儿潮时代出生的人的需求和购买力创造了消费狂潮。新产品和新服务以前所未有的速度接踵推出，美国的消费者面临数目极多的消费选择。理查德·斯温森在他的《边缘》（*Margin*）一书中提到：1978 年，在一个普通的杂货店内有 11767 种产品，而今天有超过 24500 种（包括有超过 186 种早餐谷物）；卫星电视节目每月都会提供超过 1500 部电影的选择，而且每个月的电视台数量也在增加；现在比以往任何时候有更多种汽车以供选择，很少有得不到满足的需求。美国人已经习惯于在他们需要的时间以他们喜欢的方式获得他们想要的东西。

这样的消费需求创造了一个预期剧增的氛围。正如在 20 世纪 80 年代温迪 ① 的广告中的消费者问道："牛肉在哪儿？"社团的会员也开始询问："价值在哪里？""利益在哪里？""我刚刚签署了交会费的支票，会费的有形回报在哪里？"

到目前为止，会员资格更多的还是一种义务、一种责任，毫无疑问，就是你贡献了什么。20 世纪 80 年代后期，哈里森·科化（Harrison Coerver）和同事问社团会员："你为什么加入社团？"回答是："我不是很清楚。我们总是这样做的。"

对于专业人士而言，加入他们的专业性社团（或更可能的，加入多个社团）是其专业生涯的一部分。美国注册会计师协会和州注册会计师协会对注册会计师而言，在某种程度上说还是有一定吸引力的；对于一个加入美国医

---

① 温迪，即温迪国际快餐连锁集团，其名字来源于创立 Wendy's 的人的女儿的名字——译者注。

学协会（American Medical Association，AMA）和一个专业性社团的医生而言或加入专业性社团的工程师、律师、科学家、护士而言，他们真的没有想得太多，加入和支持专业组织是身为专业人士应该做的而已。

时过境迁。1965 年，有 75% 的医师加入了美国医学协会，而今天已不到 25%。更糟糕的是，留下的会员的老龄化十分显著。这是怎么了？预期已经改变，而美国医学协会并没有跟进。医学专业团体却抓住了机会（详见后文）。

对企业而言，加入所在领域的行业性社团是商业行为的一部分。许多企业主和首席执行官认为，"支持这个行业"是很重要的。他们联合起来为了更大的利益而共同努力。虽然这仍然是较重要的因素，但是美国社团管理者协会（ASAE）所出的书《加入的决定》认为，"个人利益"也占据重要位置。随着情况的变化，企业的成长和管理变得更加复杂。独立的、私人持有的公司，让位于专业管理公司。业绩压力和对成本的关注，带来了对会费的审查。问题变为，"我们刚刚所签署的行业协会会费支票，它的投资回报率是多少？"更重要的是，"投资回报率"的定义，代际间存在着差异，社团现在面临的挑战是如何识别和回应会员各种各样的需求和愿望。

为了回应可以量化的投资回报率的需求，出现了两种情形：一是社团增加了新的项目、产品、服务和折扣计划；二是社团开始追求非会费收入。对于很多社团来说，这两种方法都可能有缺陷。

增加项目和服务的目录清单是为了提高入会的价值。这样做的逻辑是社团可以提供给会员的越多，会员的价值就越大。但这个逻辑是错误的：未使用的服务是没有价值的，不必要的项目没有任何价值，没有竞争力的产品没有价值。社团的管理人员错过了真正但却无形的价值，偏离了正轨。社团顾问马克·莱文问道，"这都是些什么？"社团管理人员应该留意这个问题。更多项目、服务、产品，和更多的价值不能直接画等号。

接下来，社团管理者在会议室中开始讨论如何创造非会费收入，社团出售给会员的服务清单越来越长。由于这意味着没有必要增加会费收入了（说来也怪，增加会费收入对理事会而言是令人厌恶的），因此理事会还是同意这一做法。他们还不如把他们的时间花在创造会员的价值和沟通会费的合理性，并且在必要的情况下提高会费，而不是提供更多的"没有用的东西"（项目、产品、服务等）。

社团管理人员也应该听取吉姆·楼（美国社团管理者协会的前理事长）的建议。他不同意大家匆忙地去追求非会费收入。他把这种方法比作"东奔西跑找东西卖给会员，像是在经营便利店"，事实上应该去界定会员的需求、困扰和问题，并提出解决方案。

服务的扩展和非会费收入产品的增加产生了重大的消极后果。乱七八糟的社团通讯什么信息都有，会员福利菜单成为难以梳理的信息大杂烩。现在，会员不得不在长长的商品和服务清单列表中苦苦寻找有价值的东西。而大多数人甚至懒得去尝试寻找。为什么？因为他们很忙！

不计其数的服务和不断增长的非会费收入供给，就是承认社团需要有一个价值定位，可以直面对社团期望值的增长。这些服务和供给回应了新的市场考验：投资回报率。不幸的是，回报并没有增加，许多社团只是增加了他们向会员提供产品和服务的数量而已。

自会员对社团的期望值开始增加至今至少已有 20~30 年，但一些社团管理者和志愿者领袖们仍感到困惑。社团章程谈及会员对会费应产生回报这一期望值时，好似这是个不合理的要求。一些社团的管理者和志愿者们对于他们不得不为会费做辩护这件事感到十分愤怒。然而，因为入会是正确的事，所以会员们自觉入会的美好时光已经飞逝而去，永不再回。

# 市场结构：整合与专业化

行业性社团和专业性社团服务于在市场中活动的会员。市场没有感受社团构成、结构和功能的变化，即便有也是寥寥无几。在某些情况下，市场领域的巨变是常态。然而，面对基本的市场变化，服务市场领域会员的社团，却继续以同样的方式提供同样的服务和功能。

在大多数市场中，兼并是最常见的趋势。无论是兼并、收购或磨合，行业收入有很大一部分是由一小部分参与者产生的。在某些情况下，少数公司代表 50% 或更多的全行业销售总额。

行业整合对行业性社团来说是不利的。作为开胃菜，行业整合会带来更小的没有多少潜在会员的会员市场。但是有时当有成为新会员潜力的新竞争者和企业家进入市场时这一消极影响被抵消，这两股力量相互作用的结果是潜在会员的数量在较长时间段内保持在相同水平，因为新企业成长所带来的潜在会员，被企业兼并所抵消。

请看以下实例。据戴维·克鲁（美国住宅建筑商协会首席经济学家）所说，在今天的美国，每四家房屋中有一家房屋是出自前 10 名房屋建筑商之手。在 2010 年的美国，根据 2010 年 4 月版的《影响简报》，预计仅仅五家批发商葡萄酒和烈性酒的销售量就将占市场总额 48.3%。据波特兰水泥协会统计，三家公司控制超过所有美国水泥产量的 40%——都是外资。据保罗·泰勒（全国汽车经销商协会首席经济学家）所说，在美国，专营新车和新卡车经销商的数量已从 20 世纪 70 年代的 30000 家以上下降到目前不足 18000 家。我们观察到，独立药店已经将很大的市场份额输给了全国连锁药店，并且国家验光连锁店已经占领了大部分曾经由独立的验光师所控制的市场。

因为公司成长壮大到了以前从未预料到的规模，越来越多的公司进入最高会费类别，而且目前上限以外的收入不缴纳会费。行业性社团过去设置的"封顶上限"使得它们无法收取与这些企业发展和收购所获得的利润相对应的会费。史蒂芬·凯里在 2007 年 3 月的《今日社团》杂志上提及了这一挑战，他写道：

> 在过去的五年中，行业性社团需要提高与其他企业合并或者重组的规模较大会员企业的会费，会费上限问题一直是行业性社团最令人不安的问题。由于没有合理规则允许社团根据企业并购前收入来收取会费，社团在不依靠大型项目（其中许多已经偏离使命并占用了工作人员和志愿者资源）的情况下，很难维持或发展足以支持未来运营的能力。

同时，传统行业性社团的项目和产品对规模较大的企业而言价值甚微或毫无价值。它们不需要社团的教育研讨会，可以自行设计机构内部的专利培训项目。它们可以就采购交易进行谈判，得到的条件通常相当于或优于社团的折扣优惠项目。它们雇用自己的游说者，这些游说者可以与社团的倡议工作相媲美或削弱社团的影响力。它们有能力建立自己的研发部门，有时也会认为社团的研发项目是其研发项目的竞争对手。有时候，它们自己举办贸易展览，这意味着与社团举办的展览构成直接竞争。当它们的规模覆盖了地方或全国时，它们不太可能与竞争对手交流或分享经验，它们将会与在非竞争性市场中较小规模的独立机构进行交流。

整合往往导致市场主体的两级差异，一端是规模巨大的、全国性的或国际性的企业，而另一端是小型的、独立运作的或服务小众市场的运营商。它们有着不同的需求和利益，这就让社团面临着一个两难的困境：如何提供兼顾两者价值的项目或产品呢？规模较小的企业需要的服务，大企业并不感兴趣，而大公司所感兴趣的服务往往太过超前，或者超出了小企业的业务范围和财务能力。当大多数服务与大企业不相关的时候，社团怎么能期望大型企业能首当其冲主动缴纳会费呢？

整合一直是行业性社团面临的最大挑战，而专业性社团市场的最大变化却一直是专业化，这是两大主要因素的结果。一是在所有的专业领域不断扩充的知识体系，二是市场领域中对更为细分的、专业化的服务的需求。

医学、法律、会计和所有的其他专业领域并不是一成不变的。这些专业领域会有新的发展、研究、方法和程序。有时即便能与专业知识体系的发展保持齐头并进，这也变得越来越困难。因此，专业人士专注于特定领域的实践，在那里他们可以保持自己的能力并在市场上独树一帜。同时，得益于互联网和直接面向消费者的营销，消费者、患者和客户具备了更多的专业知识，对专业服务有了更深的了解。他们知道如何寻找并获得专注于其特定需求的照顾和服务。

多年来，行业性社团和专业性社团服务的会员大都相似，区别甚微。现在看来，情况恰恰相反：由于市场的需求，两者之间会员的差异更多了，相似之处却越来越少。

查阅专业性社团的目录清单你便会发现，回应这一变化趋势，专业和亚专业组织的数量已经稳步增长，这时涉猎广泛的专业性社团还在努力地保持相关性。

专家需要专业知识，专家希望与其他专家结成联系网络，专家希望获得供应商和资源来支持他们的专业实践。他们会被那些能够最好地满足他们对专业信息的需求的机构或资源（营利或非营利的）所吸引。

许多社团就像是试图与专业零售商竞争的百货公司：就像美国梅西百货公司（Macy）与格瑞特＆百瑞尔公司[①]（Crate & Barrel）在家庭用品行业的竞争，与丽米特公司（The Limited）[②]和盖璞[③]（Gap）在青少年服装行业的竞争，与亚马逊在图书行业的竞争。社团，像百货公司一样，试图将所有的东西提供给所有的会员，而不是专注于自己的优势。

专业化的趋势对于一个不能提供多样化的会员资格的社团来说是无情的。由于在实践领域专家们的专业划分越来越窄，这种趋势一直持续。当会员关注面变得越来越窄的时候，社团是否真的能在涉猎广泛的竞技场上成功地竞争？相反，也许，听取哈佛商业评论前任编辑肯尼思·安德鲁的建议会使社团更加成功，他写道："一个社团制定一个独特的战略，这是可能的，事实上也是必要的。不管世界如何发展或衰落，在回应或挑战某些社会发展的过程中，社团仍可以自由地设计、明确自己的业务范围，塑造自己的组织角色，使其与众不同，至少在某种程度上，与所有竞争对手相比是独树一帜的社团。"

---

① 格瑞特＆百瑞尔是美国本土家居品牌公司，其首间店位开业前经费紧张，新店装修只能使用木条遮蔽泥墙、以粗麻布覆盖层板，跟着商品一起运送来的包装木条和木桶，则就地拆解成为货架，Crate and Barrel 因此得名——译者注。
② 丽米特公司（简称 LTD），是美国一家超大型上市公司，于 1963 年创办了第一家丽米特淑女服装专卖店，主营时尚长裤、牛仔裤、衬衫、毛线装等系列——译者注。
③ 盖璞是 1969 年创立于美国的专注于美式休闲风服饰的公司，GAP 曾用中文名："盖普"，品牌于 2010 年 10 月正式入主中国，更名为"盖璞"——译者注。

# 代际差异

会员资格多样性的发展是跟世代分布密切相关的，因为美国历史上第一次有五个世代共存。其中四个是在工作场所一起工作的，同时在社团中是作为会员和潜在的志愿者而并存的。这五个世代分别是：

- 大兵世代（1901—1926 年）
- 沉默世代（1927—1945 年）
- 婴儿潮世代（1946—1964 年）
- X 世代（1965—1979 年）
- 千禧世代（出生于 1980 年后）

虽然给人们贴标签并模式化是不明智的做法，但很显然，当谈到志愿服务和关于会费投资回报率的预期时，每一代人都有自己的价值观。关于志愿服务，如何选择喜欢的学习方式，选择加入哪种类型的组织，他们的理念各不相同。

例如，2010 年的调查发现，让千禧世代比前几代人更认同一个宗教团体是明显不太可能的，这反映了他们对各种组织的兴趣减弱。那些沉默世代有一个传统的工作伦理：他们为工作而生活。X 世代把个人的满足看得比对工作的责任还重，他们为了生活而工作。沉默世代是天生的领导者，婴儿潮世代期待成为领导者，而 X 世代则整体缺乏领导欲望。另一个关键区别是 X 世代是美国受教育最少的一代，受到成年人的监督也较少，而千禧世代是受教育最多的，受成年人监督也是最多的，而且其时间表被父辈安排得有高度的计划性。正因为如此，X 世代没有团队精神而千禧世代却推崇团队精神。千禧世代伴随着科学技术发展而成长起来，因此，他们任务很多但却能毫不费力地完成，并且他们有个一直不变的、在开会的时候也会保持的习惯，就是即使是在参与委员会讨论的时候，他们也要查阅黑莓手机和苹果手机。

这些只是五代人之间的几点差异。总体而言，我们已经看到了发展趋势：传统的社团模式似乎对更年轻一代的会员的吸引力越来越小，相关性越来越少。当你听到社团管理人员和志愿者领袖痛惜年轻会员参与度下降时，当你听到他们希望下一代更像看重会员资格和参与度的一代时，意味着这个发展趋势已经势不可挡。

这些观点是基于新近的数据和超过 40 年社团的工作和观察所形成的。在许多社团，分会的参与率正在下降，很多人对参与委员会都不太感兴趣。出席各种会议和交流的次数不再像以往那样的不断增长。对于每个更为年轻的一代来说，似乎有越来越多的人与行业性社团和专业性社团中断联系。

虽然美国社团管理者协会的研究表明："传统社团管理模式是旨在满足在职业生涯的不同阶段所产生的需求，这比根据对不同时代的成见来进行管理有效得多"（《加入的决定》（*The Decision to Join*，第 4 页），讨论参与度的下降是由于"职业生涯发展阶段"还是"代际差异"，似乎并不重要。只要问问一个美国牙科协会的会员管理负责人，年轻牙医或那些在职业生涯初期阶段的人，不加入社团的比例或会员资格到期后不再续期的比例即可。不管它是为什么发生的，它已经发生了。

美国社团管理者协会和领导力中心，做了一个广泛的样本调查：当被问到"你们对社团的整体态度是什么？"60 岁以上的受访者中有 43% 给予"非常喜爱"的评价，但未满 30 岁的受访者中只有 30% 的人给予"非常喜爱"的评价。

该研究总结说：

> 除了一个首要的价值问题，对社团价值的感知随着年龄的增长而提高。当被问及从现在起五年内是否需要社团时，最年轻的一组就社团的重要性给出了一个高于所有其他年龄群体的评价。这与其他研究的发现是一致的，表明人们是在 27~33 岁期间开始意识到社团的价值。

根据我们的经验和能够听到社团领导在战略会议上对话的机会，我们相信，社团需要提高会员福利以尽早地吸引年轻人。这一选择难道不比坐等会员蜂拥而至更有道理吗？——主要是因为没有谁能担保会员将蜂拥而至！考虑到社会的变迁我们对历史的重视不能抱以太大期望。

史密斯·威廉姆社团研究所（William E.Smith Institute for Association Research）2006 年研究报告《世代和社团参与的未来》指出："如果 X 世代的工作者和婴儿潮世代之间存在重要的差异，那么这种差异不是体现在加入社团的倾向上，而是他们对会员资格的内涵和会员资格所带来的回报有着不同的期望。"

这项研究表明，社团是可以弥合代际断层的，也可以逆转社团参与度下滑态势，但只有社团承认会员在需求、喜好和价值观方面存在着日益增长的差异性，并采取相应的措施，才能如此。如果社团不这样做的话，年轻人会建立他们自己的社团。根据一家以明尼阿波利斯为总部的咨询公司——代际之光的理事长莎拉·斯拉德克所言，年轻人已经开始这样做了。

在《社团会议》2008 年 4 月的刊物中，引用了斯拉德克的观点："因为对传统社团模式的失望，年轻一代正在建立自己的专业性社团。这些青年专业性社团（YPAS），现在的数量已经超过 300 家，没有特定的行业，但是在这里形形色色的年轻人可以聚在一起分享他们的职业发展经验……青年专业性社团（YPA）越来越多的趋势表明，这一代人想成为社团的一部分——但也许不是传统的社团……"

波士顿的青年专业性社团自成立以来，已经吸引了 10000 名会员；密尔沃基的青年专业性社团会员已经达到 5500 名。1997 年，青年非营利专业网络成立于旧金山，当时只有一个分会，但如今在美国已经增加了 20 个分会。2005 年，设立了全国办事处，并召开了大会，该组织现在大约有 10000 名会员。

代际问题导致了在入会率、志愿者参与以及社团提供项目和服务的价值方面的巨大变化。文斯·桑达斯基［金属板材和空调承包商协会（Sheet Metal and Air conditioning Contractors' National Association）的首席执行官］，对这种趋势做了很好的总结："金属板材和空调承包商协会是一个强大的社团，但下一代的承包商有不同的价值观、不同的获取信息的方式、不同的学习过程和不同的交流方式。金属板材和空调承包商协会传统的架构和运作方式不再适应承包商偏好的变化，而这种变化的速度正在加快。"

# 竞 争

曾几何时，行业性社团和专业性社团在没有什么竞争的环境下运作。众所周知，以往社团是自己和自己玩沙盘游戏，根本没有竞争对手。时至今日，还有这种想法的社团管理者很少了。

行业性社团和专业组织的数量增长已相当可观。据哥伦比亚图书出版社出版的国家行业和专业社团的图书目录可以发现，在过去的 10 年里，非营利组织和不以营利为目的的组织 ① 的数量已急剧增长。

第一个竞争对手来自行业内部，社团与社团之间的竞争。令人好奇的是，大多数社团管理者如何看待这一情势？许多人不愿意把这些组织视为"竞争对手"。例如，许多涉猎广泛的社团没有意识到自己与专业性社团或小众社团之间存在竞争，这是一个严重的错误。例如，在医学领域，与美国医学协会（American Medical Association）相比，医生更容易发现在其业务领域专业性社团能带来更多的价值。与全国制造商协会（National Association of Manufacturers）相比，制造商很可能会认为专业性社团具有更大价值。这种心态是可以理解的。有限的时间和有限的经济资源，导致更难做出入会决策。对于许多人来说，加入最聚焦细分专业的团体是有道理的。

社团之间的确相互竞争。他们在出版物的读者群和会议出席率方面竞争，在会费和志愿者参与度方面竞争。记住，社团服务于时间紧迫的会员，他们对社团具有很高的期望。如果他们没有得到所期望的价值，就不可能年复一年保留多个会员资格。他们会减小入会数量，只加入能给他们最高投资回报的社团。在经济拮据的时代，对会费支出的审查也更加严格。

社团的竞争对手多种多样。它一般不会来自于提供相似服务的组织。相反，竞争更多是来自于不同类型的对手。这使得社团很难准确识别和及时回

---

① 原文为 nonprofit and not-for-profit groups，nonprofit 强调以社会价值为目标，不允许在组织内部分配利润，资产锁定；non-for-profit 同样以社会价值为目标，虽允许利润存在和分配，但利润不是经营目的——译者注。

应各类竞争。

社团通信和杂志的读者群竞争受到看似层出不穷并不断增长的出版物的冲击，很多出版物现在已经上线。社团的会员通常桌子上堆满了一摞一摞的读物或邮箱里有长长的等候阅读的邮件列表，这些表明他们需要跟紧这个时代。

营利性的贸易展览公司是社团的另一个竞争对手。展览行业研究中心理事长兼首席执行官道格拉斯·杜凯特的研究表明，2009 年，美国每年进行的 10000 次贸易展览中，有 23% 是由媒体公司或企业家举办的，而剩下的 67% 是由社团举办的，而在 1990 年，85% 的贸易展览都是由社团举办的。

贸易展览客流量的间接竞争对手在越来越多的情况下是在线搜索。会员们在他们的办公桌上就可以比较各种产品和服务，并不需要自掏腰包的旅行和住宿花费，也避免了缺勤的影响。展览行业研究中心深入研究千禧世代和 X 世代的会展习惯，结果显示，约 2/3 的人没有参加所有他们本来可以去的展览，不便和成本是未去参展的原因。

对于任何专业而言，有多少家提供继续教育的机构呢？问一个社团的管理人员，他或她将会摇摇头，回应道，"有很多啊，多到统计数量几乎是不可能的。"除此之外，作为营销计划的一部分，一些培训机构开展免费的培训。现在这竞争是多么激烈！

社团曾被视为行业发展或专业信息的守护者。现在有了来自独立研究人员和机构内部研究的竞争，而往往这些组织更加财大气粗，这使得社团难以保持不败优势。

此外，对向会员提供产品与服务的供应商和服务商的经费支持的竞争明显升温。这些联合或附属会员在市场营销领域更加长袖善舞，他们越来越多地去寻求整合营销套餐，并重新评估他们从社团广告、赞助，以及贸易展览展示中得到的回报。此外，他们加大了在网络和移动媒体上的投资，这可以提供实时追踪信息，而大多数社团营销工具做不到这一点。今非昔比，不再是"一切如常"。

随着互联网的应用，当通过一个网站或线上交付系统就能够轻易地进入一个市场时，很有可能会出现新的竞争对手和非传统类型的竞争者。不再必须有实体店，现在，"零库存"和即时交付变得十分重要。

即使面临日益增加的复杂竞争，大多数社团管理者并没有对他们的组织竞争现状进行分析。

# 技　术

20世纪90年代初，当互联网出现时，社团们大都没有意识到，他们的组织服务会员的方式将彻底改变。在这场线上的比赛中，令人遗憾的是，社团还处在入门阶段，已经输在起跑线上，大大落后于领跑者。

在20世纪90年代，当时众所周知，万维网规模的增长率达到每年100%以上，而社团逐渐且缓慢地建设自己的网站，涉足电子通信领域。2000年，如果你的社团有一个相当完备的网站，通过电子邮件发送会员快讯，你大概已经是社团中的领头羊，脱颖而出了。

没有能力充分利用互联网暴露了组织的根本缺陷。社团没有适当的组织架构来回应这一飞速发展的现象。它们没有，或未能获得必要的专业知识来实施技术变革，社团员工和志愿者组织也没有这种同应技术发展的机制。但更重要的是，社团缺乏配置资源所需的高瞻远瞩和领导能力，缺乏为本社团在21世纪建立丰功伟业的雄心壮志。

社团为其保守、受缚于传统的做法付出了高昂的代价。企业家们快速开发网站、电子通信、在线服务和电子社区，这些都是与传统社团供给相竞争的产品和服务。主要的通信、信息和技术公司为此投资了数十亿美元。社团还在建立特别工作组，派发需求方案说明书，并试图弄清楚他们如何匹配这些需求；总之，步履蹒跚，进展缓慢。

在许多情况下利用互联网手段抢夺现有的项目和服务市场，这也于事无补。电子通讯取代印刷品，在线教育项目与传统现场研讨会竞争。社团往往缺乏冒险精神，尽管缓慢推出现有信息传递和交易的线上版本，但还是决策迟缓，基本是维持传统的递送方式，因此它们的努力往往收效甚微。

社团这种心态至少延缓大多数社团两年到三年的发展。如果我们曾听说过这种说辞，那么，我们在过去的 15 年里已经听过千千万万遍了："我们无法把会员通信改成在线传递。我们的一些会员没有电子邮件地址，有些会员甚至还没有传真机。"这种最小公分母心态（又名"不要落下一个会员"）严重削弱了社团前进的动力。我们应该经常去问问社团理事会："在我们能充分利用 21 世纪的工具之前，你们一定得等到最后一名勒德分子 [①] 能够接受技术进步的时候再行动吗？"

那些在工作和生活中采用了信息技术，并认识到其价值和潜力的先进会员，他们被剥夺的权利才是真正的成本。在他们的心目中，一个执着于传统模式的社团是迟钝的、过时的，并是越来越落后于时代潮流的。"为什么不通过他们的网站提供信息？""他们为什么不在网上发布会员快讯？""我为什么不能用电子方式注册登记来参加会议？"

近年来，互联网零售业呈现爆发性增长，搜索功能如雨后春笋般强大起来，视频技术迅速发展，无线技术使人们可以随时随地上网，成千上万的在线社区纷纷涌现。但对于社团来说，对新技术的重视和努力相对滞后。社团网站具有边际效益，而很多边际效益处于零增长状态。社团各系统尚未整合，在线活动资金不足，技术规划还是空白，缺乏创新。没有几家社团会问："在以互联网来实现服务会员的价值之前，我们能做哪些以前看似不可能的事呢？"

社团认为在 2005 年 Web 2.0 出现以前，他们备受羁绊。举个社交网络的例子就可以证明社团互联网战略规划和执行的年度开支不足。我们将回顾 21 世纪第一个 10 年中期，这是社团作为学术和行业网络枢纽时代结束的开始。在过去的三年里，像 MySpace、Facebook 和 LinkedIn 这些社交网络，占领了在线网络社交领域，冲击了社团网络，而且因为在线环境变化如此迅速，社团想要重新夺回其在线社交空间的领地几乎是不可能的。在撰写本文时，96% 的千禧世代已经加入了社交网络，在不到一年的时间里，Facebook 增加了超过 2 亿的用户，1/6 接受过高等教育的学生加入了在线

---

① 1811—1816 年英国手工业工人中参加捣毁机器的人，这里引申为阻碍技术进步的人——译者注。

课程。数字如此惊人，而社团还是愚不可及，尚未投资利用有助于联合其现有会员和潜在会员所必需的信息技术。许多社团都有一个主攻的重点工作，对于某些社团而言，差别就在于技术是需要立即关注的重点。

# 总　结

考虑到社团所面临的这些重大变化：时间、价值、市场结构、代际差异、竞争和技术，社团管理者或志愿者领袖应该做些什么呢？本书提出了五大根本性变革来改造传统模式下的社团结构和体制。同时，通过阅读本书，读者将有能力解决六大挑战。

至关重要的一点是，本书建议社团实施的根本性变革是有先后顺序的。本书也是按照实施的顺序依次阐述的，即将阐述的第一个变革就是治理。

虽然社团治理领域的变革是最困难的，但首先实施治理变革是最基础的工作。如果没有治理变革，那么其他变革取得重大进展的机会就会降低。

实施治理变革，要提前考虑到这里提到的其他四项变革。在思考会员市场／项目和服务、技术前就掌握这几项变革，特别是在最初几年的过渡期中，将为治理组织所需要的胜任能力提供重要参考。

治理变革之后，准确界定社团的最佳会员市场是理顺和调整项目、服务、产品和活动的前提，在知道社团将要服务的会员是谁之前，你是无法正确做出上述决策的。一旦对会员的了解越充分，社团就越容易确定弥合技术方面差距的方法，以便有效地提供相关的项目、服务和产品。我们不提倡为了技术而运用技术，但我们确实知道，当你知道适用于社团所提供项目和服务的技术时，将会大大完善有关技术的决策。

变革的顺序对一个成功的改革至关重要。首先，要有合理的治理；其次，要明确合理的会员市场，这将为确定合理的项目和产品组合奠定基础；最后，决定适用于提供福利套餐种种项目的最佳技术。虽然这些都是根本性变革，但我们可以一步一个脚印地实施。如何依次实现变革？详见后文。

# 第二章　全面改革治理模式

社团治理所需要的变革是最重要和最困难的。必须首先进行社团治理变革，否则，在其他的变革上几乎不可能取得实质进展。

对于大多数社团而言，治理传统、结构和流程都是影响变革的最大障碍。但一旦社团成立一个有能力的领导小组，就可以很快迎来建设性的变革。

信不信由你，一个社团可以由不包括首席执行官在内的 5 个人组成的理事会有效地管理。没错，就 5 个人。

大多数社团的理事会不能有效地管理或领导他们的组织。他们会浪费时间，不能完全发挥社团内部管理者的才华和能力。他们也很被动。最糟糕的是他们一直处处插手执行团队的工作。理事会的微观管理，十年又十年，很少甚至几乎没有一点进步，还能找什么理由去辩解呢？

理事会非但没有成为社团的财富反而成为社团的负担，每年有数以百万计的社团工作人员的时间浪费在无谓的理事会活动上。支付给理事会理事的成本不菲。比如你在理事会会议前一周给社团秘书处打电话：如果社团规模比较小，肯定全体工作人员都在集中精力为会议做准备；如果社团规模大，那大部分高级管理人员的精力肯定都耗在这事上了。按每年四次理事会会议来算，那么每个社团平均每年要分配一个月的时间专门为理事会会议做准备，这还不算会后两至三天的后续工作和调整休息。

如果你的社团可以让全体工作人员或高层管理团队在整整一个月中集中精力只做一件事，可以有什么样的成果？可能是意义非凡的成就！这就是管理一个大理事会的成本。

工作团队需要全年支持理事会成员，准备理事会会议所占用的时间、能量和精力只是其中的一小部分。理事会规模越大，需要的资源就越多。其他的管理任务还包括：处理各种信息请求，开会时能订到更好的酒店房间或者颁奖晚宴上拿到更好的座位。

大多数理事会存在的问题很简单：规模太大而且并不是为追求绩效而建立的。大的理事会没有效率，臃肿且反应迟钝，充满政治纠葛，难以管理，而且规模一般还会继续扩大。

我们对理事会的运作分析越多，越会发现大型理事会是一个非常现实的问题。他们没有管理和领导力，是社团成本昂贵的累赘和负担，既不创造新的价值，也不为组织做贡献，反而会极大消耗社团有价值的人员和资源。

大型理事会最大的问题是参与度很低。理事会的规模越大，理事个体的投入越少。心理学家称之为"社会惰化"——个体不为集体行动承担个人责任反而依赖他人来领导。

当理事会很小时，理事们知道他们的存在和对社团的关注是很重要的。当理事会有 20~30 个理事时，缺席会议或者错过电话会议将不会被发现。理事达到 40 人时，需要使用麦克风才能使理事听清楚大家的发言。我们还观察到，当理事人数达到 50 人时，一些理事就开始在理事会上看《今日美国》、发短信或者查收邮件。

我们注意到一个与理事会规模相关的现象：理事会规模的扩大会产生一种联动，决策权和控制权会转向一个较小的团体。这种情况表现在两个方面：第一，社团秘书处工作人员对大型理事会的低效和无能失去信心，开始自己承担决策权。作为一个规模较小、更有效的群体，他们自己处理问题，并为理事会的行动提供建议（理事会就成为橡皮图章）。第二，大型理事会不满于他们自己的低效和无能，将决定权交给社团秘书处："我们不想再应付这些了。你们把问题解决了，再回来给我们提供建议。"

这种权力分离在执行委员会和理事会之间制造了拉低效能的紧张关系，并进一步导致理事会和工作人员为了尝试解决随之而来的问题，双方不得不付出时间代价去做更多低效的工作。理事会开始抱怨执行委员会篡夺他们的权力，而执行委员会则开始抱怨理事会犹豫不决、保守并且阻碍进步。随之而来的是电子邮件横飞、怨声载道、员工干预、开始雇用外部顾问、无休止地争论，因为一个大型理事会，时间都被浪费了。

但是重点是：随着时间的推移，整个机构的工作趋势是组织权威和控制力会慢慢转移到一个小团体手中。几年前，我们曾经历过这种典型的管理结构变化：它生动地演示了组织权威和控制力被转移到一个规模小、可操作的小组的动态过程。一个全国性组织的理事会规模不断扩大，当其理事会成员增长到超过 20 名时，执行委员会随之成立；当其理事会成员增加到 50 名时，执行委员成员会增加到 20 名。当越来越大的执行委员会开始陷入困境时，一个由 6 名成员组成的管理委员会成立，以便有效地制定决策。而理事会继续扩大，执行委员也随之继续扩大，现在管理委员会成员增加到了 20 名。由于管理委员会因为规模扩大而陷入困境，一个由 6 名成员组成的运营委员会随之成立。组织动态的变化出现了多次重复的结果：一个更小、更有效团体的组建。

有一个不应该被忽视的教训是：大型的理事会缺乏效率。在现实中，几乎所有的行业性社团和专业性社团实际上都是由秘书处或约 5 人组成的执行委员会来治理的。

## 大型理事会的起源

大型理事会建立的渊源或依据各不相同，但是没有一个是为了治理或领导的有效性而建立的。

许多理事会由来自各地理区域选举或甄选的代表组成。这背后的依据是各地区的会员有不同的需求和利益。比如，中西部地区和东南地区会员就有不同的需求和利益，这些需要和利益都需要在理事会上有所体现。如果这一依据受到挑战，大多数理事无法清晰表述这些差异性诉求是什么。在这种情况下，地区差异问题比理事会的领导能力更重要。

理事会这种构成方式的影响是相当大的。理事会理事看问题会带有狭隘的地域观。从我所在的州（国家或地区）来看，既然理事会治理应该是为所有会员的最大利益而服务，选举或任命的理事觉得必须要关注来自其所在地区被识别的差异需求。

根据地理位置决定理事会构成的另一个缺点是对理事素质的影响。比如说理事会要求必须有来自密苏里的代表。我们已经遇到过很多次只有一个来自密苏里的会员对理事会有兴趣的情形，因此导致无论这个人的领导力和能力如何，他会一届又一届地参与到理事会的治理中。与此同时，一些来自佛罗里达州的高素质会员可能对理事会治理感兴趣但是却无法加入。由于已经有一个来自佛罗里达的理事，理事会不得不留任来自密苏里的不称职的理事，尽管他喜欢借着理事会开会的机会到处旅行并且编织关系网。

这种行为的另一个衍生做法是：所有州、地区或地方的分会主席在全国性理事会都占有一席之地。随着分会网络的发展，理事会也不断发展。所以就出现了这样的理事：只担任一届但却要同时承担全国性理事会和分会的双重工作（这就像市长或州长在同一时间担任美国参议员）。如果一个人要同时扮演两个角色，他又怎么能高效工作？

许多大型理事会都由代表特殊利益集团或选区的成员组成，依据是这些利益集团和选区的需求和利益只能通过在理事会里拥有自己的代表来实现。在这种情况下，较之领导力、能力或技能，特殊利益集团的利益才是重要的。

按这种方法组成理事会的后果也很严重。首先，这种理事会的理事总有强烈的意愿想说明他们与其他利益集团和会员代表之间的差异。他们往往以单一议题为导向，很少参与讨论与他们所代表的会员不相关的问题。这就会出现很可笑的情况：不管当前讨论的话题是什么，他们只有在关系到他们自身的利益时才会在理事会会议上发言。其次，这种以特殊利益划分理事会成员的方法必然导致理事会越来越庞大。比如，如果特殊利益集团 A 拥有了一个理事会席位，那么为何利益集团 B 没有？还有特殊利益集团 C、D、E、F、G 怎么办？不管你相信与否，在大型的专业性社团中，在理事会里没有代表的唯一会员往往就是普通的、最典型的专业人士。所有的理事会席位都被分配给了各个特殊利益集团。最后，认为特殊利益的代表可以表达和反映其所代表人群的利益诉求，这种观点是有瑕疵的。一个典型的案例：有一个建筑协会想试图了解年轻一代的承包商，而碰巧他们有一个代表是青年承包商委员会主席。在理事会讨论过程中，他们自然而然地把话题转向了他并问道，"我们要怎么做才能吸引年轻人加入社团？"他摇了摇头说："我不知道。"所以所谓的特殊利益代表也不过如此。我们有其他更有效的方式可以确定不同人群或集团的需求，这些方法包括进行民意测验和开展焦点小组讨论。

"好老弟"（good old boy）机制也助长了大型理事会的形成。有些长期任职的理事无限地占据理事会席位，任期的限制要么不存在，要么没执行或被忽视。由于理事们不愿卸任，理事会也越来越大。理事会很显然需要"新鲜血液"，但没有人愿意离开理事会来为下一代领导层腾出空间，从而导致理事席位不断增加，理事会也变得越来越大。

确定新理事的过程通常是这样的："理事会里有人认识可以成为好理事的人吗？"或者"你知道谁对加入理事会感兴趣？"当然，这样做的前提是，假设现在的理事们知道什么样的人能"成为好的理事"。这种理事会的构成取决于你所认识的人，而非潜在的理事会成员的知识和他们能为理事会带来的效益。

另一个在提名理事时经常被问到的问题是："这次轮到谁了？"在这种情况下，理事的职责就变成了：一个人愿意花多少时间服务于委员会或志愿服务的某些项目，或只需你能参加会议就行了。现在时间压力大，工作节奏快，对那些有着这样大把时间的人，我们应该存疑：他们的存在对于他们自己的公司、企业重要吗？如果不重要，原因是什么？在这样的情况下，如果不考虑能力，提名委员会还不如直接问："谁精力充沛？"或"我们能说服谁同意？"在这两种情况下，我们能得到的志愿者的质量可能是相同的。

一些行业性社团的另一种做法也会导致大型理事会的形成：为每个会员企业提供一个理事会席位。行业型社团会员数量相对较少，特别在当今企业不断兼并整合的时代。所以如果只有 30 个或 40 个企业会员，为什么不给每个企业一个席位，让每个人都拥有发言权呢？

最后一种导致大型理事会的情况是允许所有过去的会长或主席继续留在理事会任职的规定，每年理事会都会增加一个理事。随着时间的推移，这会造成理事会成员的年龄不断增高，退休理事的比例增加，社团的管理权最终落入了一群已经在各自的行业或者职业中不再活跃的人手中。

对于那些由普通会员选出的理事会，我们只需要看投票会员的百分比就行了。但这也并未解决投票人根本不了解其所支持的候选人资质的问题。

理事会过于臃肿有很多原因，但大型理事会有很多共同之处：它们没有好的治理，也没有最大限度地发挥个体理事的潜力，而且维持理事会运转所付出的时间是一笔不小的机会成本。我们为什么要容忍这种低效？

## 会员为什么想要进入理事会？

在谈论理事会必要的根本性变革之前，我们先触及一个很少讨论的与理事会表现有关的问题：成为一个理事的动机。为什么人们希望通过任命或选举进入理事会？

根据美国管理者协会出版的《志愿决定》（*The Decision to Volunteer*）所说，个人参加志愿活动的原因有多种，包括帮助别人、创造一个更美好的社会、公民责任、渴望有所作为、学习新的技能和寻找归属感等。我们觉得这些原因可以概括为：

**利他主义**。利他主义者的动机是服务和推进产业或行业最大利益的无私愿望。最常见的是成功的商业人士想回馈他们曾经受益过的行业或者专业。

**自利**。自利者的动机是获得个人利益或为理事所代表的企业、业务或者服务机构争取好处。这些好处包括提高市场知名度和信誉、高层的业务联系、职业的引荐和建立人脉关系以及获得有价值的市场和职业信息。

**虚荣心**。虚荣者的动机是为了标榜自己或因为自尊心，让自己简历的内容看起来更好。

我们确信每个人的动机中都存在这三个因素，但每个因素所占的比重因人而异，而且会随时间变化。

在一个专业性社团的会议开端，每一个新理事需要向理事会的其他人做自我介绍并解释他们进入理事会的动机。一位新理事说："老实说，我同意担任理事的原因首先是这对我的工作有帮助。我能建立人脉，个人信誉度会提高，我的简历也因此会增添精彩的一笔。其次，这是我欠咱们协会的，20 年前我刚参加工作时本协会给了我很多帮助和支持。而且我相信这是一个可以创造价值的好组织，我可以为协会提高绩效、增强创造价值的能力略尽绵薄之力。最后，也有一部分原因是纯粹的虚荣心。你们邀请我加入理事会，这种接纳本身对我来说是很有价值的。"

有多少理事会在利他主义方面得分最高？有很多人 95% 的动机是自利和虚荣。我们每个人都有虚荣和自私的一面，但是利他主义在其中的影响越大，理事的表现就越好。然而，很多时候，在选择过程中我们都不会问候选的理事为什么要加入理事会。

## 能力本位的小型理事会

五个根本性变革中第一个也是最重要的一个，是彻底改变理事会的规模和构成。所有其他的变革基本上都取决于这第一步。如果你觉得这个想法看上去荒唐可笑或匪夷所思，也请接着阅读本书。因为抛开这点其他的变革本身也有其独立价值。另外，当你通读本书后，通过质疑、回顾相关数据、讨论变革的价值，并使用在后面几章中提到的矩阵系统，你会开始理解这些相互的联系是如何创造一种可以带来改变的文化的。我们现在的讨论完全有可能在未来的很多年都看不到成效，但即使你的组织最后没有发生本书中提到的根本变革，你也将从中受益，因为探讨了将来的各种可能，也为社团现在和未来的领导人引入了一种全新的思维方式。

我们已经提到过，当理事会规模变大时，会有让决策权转入少数人手中的压力。理查德·波曾在《华尔街日报》（2010 年 12 月 21 日）一篇专栏文章中提到："诸如哈佛的理查德·哈克曼的心理学家认为六或七个人组成的团体在决策中是最有效的。这种规模的团体可以让所有成员承担团体行动的责任。相比一个大型理事会，他们也可以更迅速果断地采取行动。"我们由五个理事组成的理事会，再加上执行理事，共六个人，刚好符合六人规模的建议。

过大的理事会会自然而然地集中到一个较小的、可操作的团体，比如执行委员会。我们遇到过的理事会几乎都是这样的情况，那么社团为什么还要被理事会中的其他成员所拖累？这些理事不会带来任何新价值，事实上他们只会增加成本。在现实中，几乎所有的社团都已经采用五名理事会成员制度。我们建议建立能力本位的理事会，而不是基于地理位置、特殊利益，或因为是你认识的人。大多数社团选择其理事会成员是基于任何人都可以管理社团的假设，这样的假设是有瑕疵的。

然而，管理是困难的。要成功，你需要深入了解理事会需要什么样的能力。在能力方面，候选的理事必须通过领导力和管理能力测试。我们可以通过以下问题来转变思维方式，比如从问"这次轮到谁了？"转变为问"谁的表现更具领导潜质？"

- 应聘者具备基本的领导能力吗？（不是管理能力，而是领导能力。）
- 他们具有未来视野吗？至少能预见未来三到五年。
- 他们能带领社团走向未来吗？
- 他们能把社团资源有效引向社团的目标和宗旨吗？
- 他们具有激励和赋权他人的能力吗？
- 他们能在需求和兴趣各异的同侪间组建团队吗？
- 他们是否能展示其领导才能，而不是纸上谈兵？
- 他们有什么样的经历可以表明他们将能把人和组织带往正确的方向？

- 他们能举出曾培育高效团队的成功案例吗？
- 他们曾在什么情况下创造性地巧妙引导资源来完成目标？

理事识别和筛选的过程必须是严格规范的，应确保候选人具备出色的领导能力，而不只是和蔼可亲、魅力四射，或说话得体。第二项测试就是管理能力的测试。管理是一项很有挑战性的工作，候选人的履历应该能证明自己的管理能力。下面的问题可以帮助衡量与管理相关的技能：

- 候选人知道什么是治理吗？
- 他们了解理事会的职责和职能，以及理事的角色吗？
- 他们是否了解责任、忠诚和服从的义务？
- 他们知道治理比管理更难吗？
- 他们能展示他们过去正确和有效管理的经验吗？
- 他们能否举例子说明他们是如何履行谨慎、忠诚和服从义务的？
- 他们能否给出例子，证明他们有能力引导同侪从微观管理转向宏观治理？
- 他们以往的经历是否能证明他们能基于所有会员的利益作出判断，并处理利益冲突？

五名理事的选择过程是非常重要的，其指导原则是：正确理解治理社团并引领社团走向美好未来所需要的能力。

第一步是分析在未来 5~10 年社团面临的主要挑战和机遇。哪些趋势和发展冲击力大，会影响到社团会员、会员的市场，或社团的外部环境？这一分析应该是非常谨慎的，需要参考现有的研究，咨询领域内公认的权威或专家，并应考虑进行针对社团会员或领导的调研。

只要能精确地找出挑战和机遇，那么确定理事会所需要的能力就比较容易了。但这不是指技术技能，而是更高层次的知识和悟性。

例如，如果社团的领导和工作人员看到技术已开始成为服务、信息、网络、教育方面越来越重要的供给机制，会员中谁能正确理解技术潜力和掌握有效利用技术的方法？这里说的不是技术专家或"技术牛人"，而是指这些人，他们注意到技术总体发展和应用趋势且知道社团利用或开发技术的方式。例如，奥克拉荷马牙科协会（Oklahoma Dental Association）的一个理事在技术应用方面处于领先地位，其能力足以支撑他举办技术应用的主题讲座，协会因此而受益匪浅。几年前建造一栋新大楼的时候，协会依靠那位理事的学识，建立了一套设施装备，能举办视频会议，具有接收卫星信号的能力，并在整个建筑物中接入互联网，这些技术在当时都还没有普及。高科技的办公室让该社团能更充分地满足会员需求，更有效地处理日常事务，提供面对面和远程学习机会，并让会员代表和委员会成员不必每次都要亲自到场参加会议。

如果社团预见到未来会有更多的跨组织的合作、合资业务以及并购的可能，社团中谁有人脉可以牵线搭桥从中斡旋？谁有能为组织争取利益的政治头脑？这个人将是代表社团参加合资谈判的有利人选。

如果组织的财务状况非常复杂，谁对财务事项比较了解？这一知识领域一般能得到执行委员会的普遍认可。因为对相关数据比较了解，并且可以辅助机构的其他领导做财务决策，经常有人在财务会计的位置上连续掌管数年。此类人的重要贡献之一就是可以很好地掌握社团的资源配置方式，以及知道如何重新配置资源才能提高关键绩效领域的绩效。

如果项目和服务都过时了，那你可能需要一个能应对挑战、了解在竞争环境中开发有销路的产品的人，他能把概念变成可以带来收入的产品，并了解如何摒弃过时的运作，把资源分配到新兴的、刚出现的服务领域。

另一个值得考虑的方面是那些有远见的人：对本行业或专业领域的趋势和发展有充分把握，并了解行业或专业的未来；对行业或专业领域兴趣浓厚，并把在高层面深入学习和分析该行业或专业领域作为自己的爱好。这些人不仅自己能看到未来，也能培养其他人获得同样的能力。而且更可贵的是，他们可以让我们无限憧憬未来的种种可能。

我们先假设你的社团已经对重要领域进行了分析，并得出了上述结论。你现在准备开始寻找你的五位理事：一位理解技术的人，一位有人脉和政治头脑的人，一位财务专家，一位有产品研发知识的人，以及一位有远见的人。

能力本位的理事选拔过程的最后一个思考：我们不认为所有理事会成员都必须是社团会员。社团里可能不一定有具备必要的领导力、管理经验或能力的会员。社团应在外部寻找合适的人，而不是让位置空缺，或代之以不合格的人。虽然不常见，但也有社团成功招募过与本行业或专业领域有关的外部人员。印第安纳注册会计师协会的主席加里·博林格指出：

从 1999 年开始我们就已经有了外部理事。事实上我们现在有两个外部理事，以保证"公共会员"角色的连续性。

我们理事会上设置这些公共会员的职位是为了提高思想的多样性，为我们带来外部视角。很多时候，无论社团理事多么"多样"，会员通常都来自于相同的产业或专业。我们的公共会员带来的外部观点是非常有价值的，可以让理事会从不同的角度看待问题或机遇。

这些年我们的公共会员中有律师、银行家、智库的首席执行官、前州议员、非营利组织的高级副总裁，最近又有一位市场和销售专业服务公司的顾问加入。我们的公共会员在过去 10 年中做出了卓越贡献。每个人都为理事会带来了独特的而富有价值的视角。

有人经常问我，"但为什么他们愿意为理事会服务？"首先，不是因为钱。虽然我们会提供少量补贴（每次会议 500 美元），但这些公共会员告诉我，他们可以从中获得其他收获。他们可以了解组织的流程和治理，可以结识新朋友，扩大自己的网络，获得不同视角，他们也觉得这是"做贡献"的另一种方式。他们的服务理由各不相同，但有意思的是，我们从未被候选的外部理事拒绝过，所以他们一定认为这个过程是有价值的，也是一个做贡献的机会。我只是希望我们能早点想到让公众会员加入我们的理事会。

和地理位置本位的理事会、特殊利益本位的理事会、"好老弟"导向的理事会以及轮流坐庄的理事会相比，能力本位的理事会有很大的不同。如果你是一个社团的秘书长，你会选择哪种理事会？如果你是一名志愿者领导人，你更愿意为谁服务？

一个忠告：不要把理事会能力与员工的能力混为一谈。在小型的、由大量的志愿者组成的社团里，你可能需要理事会成员在其知识领域内的专业意见。但在专职工作人员数量合理的社团，你就不需要理事会具备那些工作人员中已经具备的能力了。他们应该是能力互补，而非重复或互相竞争。在一般情况下，理事们具备的专业领域的知识或理解应该是高层面的和概念性的，而不是技术或执行层面的。他们的重点是相关专业领域的潜力和未来可能，而不是实操。

另一个忠告：保障措施必须到位，以确保能力本位的理事与代表特殊利益理事的参与方式不同。作为领导和治理团队的成员，他们必须明白他们对所有社团事务的投入和参与都是至关重要的。小型理事会没有一个人会为错过机会、行动失败或重大错误而受到指责。所有五名理事都必须到位，必须充分参与。

选择流程必须严格、规范，认真执行。不能冲动、仓促或傲慢行事。

应该雇用外部专业人员组织与指导识别和筛选流程。虽然我们不了解这种做法在社团方面的实践，但是在识别和筛选公司董事方面，雇用专业的招聘人员是很普遍的。

在确定和选择新的首席执行官时，很多社团毫不避讳雇用招聘顾问，以获得专业的协助。这种做法的成本可以通过降低代价不菲的招聘失误的风险来抵消，值得采用。那我们在寻找理事的时候为什么不这样想？任命一个无能理事的代价有多大？特别是理事会只有五名成员的时候。为什么我们在寻找秘书长的时候会投入大量时间和精力，而在选择需要承担领导和管理职责的理事的时候，只会问，"你有没有认识的人"或"这次该轮到谁了"？

如果一个社团能为理事会提供数千美元的旅游、膳食和会议费用，那它在选择理事的时候就肯定能负担专业搜寻服务的费用。事实上，如果社团把大型理事会缩小到只有五名能力本位的理事，那些用于大型理事会的费用和资源就可以被用来为理事的搜索咨询服务提供经费。在我们看来，这是更好的花钱方式。

# 理事会的根本性改革

理事会裁员的情况并不少见。然而，大多数裁员并未彻底实施。2007年美国社团管理者协会的理事会规模从 36 名减少到了 16 名，全国农村卫生协会在 20 世纪 90 年代把理事会成员从 40 名减少到了 15 名。国家教师与家长协会将其理事会的规模从 87 名减少到了 28 名。这些都是卓有成效的裁员，但大多数裁员做得都不彻底。

如果裁员要花去你大量的时间和精力，还要处理办公室政治、挑战机构多年的传统，你还不如做得彻底一点。如果社团在裁员上取得了一致意见，为什么要止于 18 或 16 名成员？你不妨一路缩减到我们建议的五人理事会规模。

缩减理事会规模是最大的管理挑战之一，与要杜绝微观管理一样难。虽然这是一项艰巨的任务，但是它仍然是可以完成的。以下九个建议是完成这项工作的关键。

**1. 不要低估事情的困难程度**。这将需要几年的时间来完成。你需要一个节奏适度能持续发力的计划。你也需要准备接受挫折，知道什么时候该保持低调，什么时候加快实施进度。你在接下来的几个步骤中也可以看到，这可能需要几年的时间，但结果肯定是值得的。

**2. 要知道很少有理事愿意失去他们在理事会上的席位**。第一步是消除第一道防线：让理事会的每一个人都清楚他们会任职到任期届满，不会要求他们提前离开，不需要放弃他们的席位。任职期限不会变化，但每位理事都有任期届满之际，到时空缺的席位不会再吸纳新的理事。相比放弃他们自己的席位，理事会成员肯定更愿意牺牲别人未来的位置。

**3. 精心打造你的方案，在拟定初稿的时候不要畏首畏尾**。要保持赤诚之心，去政治化。你的改革方案需要解决以下几方面的问题。

- 举例说明你的大型理事会错过的机会或遇到过的挫折。
- 说明一个能力本位的小型理事会如何能更好地利用这些机会或更有效地避免这些挫折。例如，你的理事会花了一年多的时间才批准了一个新的创收项目或服务，那么一年大概会损失多少收入？你的理事会审议和延期期间又有什么样的竞争对手进入了市场？

- 用图形描述你的大型理事会如何消耗员工宝贵的时间，再辅之以实例，预估工作人员照顾理事的饮食起居而消耗的时间和机会成本，这些时间本可用于为社团会员创造价值。
- 建议如何把现在花在支持理事会上的资源分配给重要的高效的项目，并说明这种做法潜在的影响。
- 关于理事会成员失职的总结：错过会议、电话会议、委员会委派的任务；很少或者没有跟进分配的项目；不做准备或不参与。
- 举例说明尽管你的理事会规模较大，但是缺乏了解关键问题所需的技能、知识和能力。

**4. 起草你的计划**。制定一个循序渐进的战略，并附上时间表。记住这个战略需要所有的理事完成任期服务。它可能需要至少两届理事会任期，但要列出你的方法。

**5. 把你的方案和计划递交给一个在任或即将被选举上任的负责人**。他深知现行体制的缺陷，应该是一个有见地的领导者，了解社团的人事政治但又不至于牵扯太多，并受到其他领导的尊重。这个人应该经过仔细遴选。如果做不好这第一步，好则你成功的可能性大大降低，坏则你离失败已经不远了。

**6. 如果你的第一个拥护者同意你的评估和计划，那么你就可以扩展到一个小的核心领导团体**。他们可以是社团管理者或理事会成员，过去的主席，或行业、专业领域的关键人物。你可能既需要现任理事也需要理事会之外的人，但他们必须了解这个社团，忠于社团的使命和未来，并受到同行的尊敬。

你可以向这个核心小组直接说明你真实的想法，然后将其改成一个能保证政治正确的计划，以重构社团治理。

**7. 识别出那些阻碍者**。让核心小组来帮你确定谁会是你潜在的对手。做一个表单，按他们反对变革的程度和能力排好先后顺序。要了解谁仅仅会给改革设置障碍，谁有可能完全破坏改革的进程。分析他们的动机：他们为什么会反对？他们会如何攻击我们提出的新方案？你如何回应他们的反击？你如何抵消或削弱他们的反抗？你可能会面对一两次意外的情况，但是你和你的核心领导团队应该有能力识别绝大部分的对手。

8. **理解忧虑并准备应对**。肯定会有各种忧虑和阻力：有些人会说"我们一直就是这么做的"，有些人就是单纯地不喜欢改变，还有一些人会因为人事政治或自身利益而担忧。但也会有很正当的问题，你应该做好充分的应答准备。这里有五个很好的问题，很可能会被问到，下面是我们关于如何回应的思考。

- **你如何协调全体会员对社团的"所有权"与五人制理事会这一根本变革之间的关系？**

  我们相信能力本位的五人理事会将显著提升社团和会员的价值，我们也相信会员会选择"拥有"一个高价值的强大的社团，而不是一个只有边际价值的弱小社团。此外，还有人认为会员的"所有权"在某种程度上体现在理事会有多少个体会员。老实说，如果你问一个普通会员在社团理事会上有多少名会员，再问他能不能说出一名以上现任理事的名字，这两个问题他最多也就能大概猜一下。我们认为"所有权"更多地取决于相关性，而不在于理事会上有多少人。

- **关于多样性呢？难道五人理事会不会限制观点和意见的多样性吗？**

  虽然需要一些艰苦的工作，但是五人理事会和多样性并不相互排斥。五人理事会可以拥有达到最佳治理所需的所有能力，但同时仍然可以强调在诸如性别、民族、青年人、大小和地理位置等方面的多样性。更重要的问题是保证理事会能了解会员在需求、利益和个人情况方面的多样性。这就需要系统地研究、推广和对话，这些都不是大型理事会所独有的。较大的理事会不一定能代表普通会员的需求和意见。通常，志愿者参与越多，就越脱离大众。

- **理事会成员看中的职业追求和社交网络方面的损失怎么办？**

  理事会的作用是治理社团，让社团的工作和活动能最大限度地为会员利益服务。理事会成员享有的宝贵的、高层次的社交网络，只是其治理功能的副产品，能够参与讨论行业或职业问题的平台也同样只是理事享有的附带利益。可惜有些理事更重视理事会附带的社交网络和平台价值而不是他们的核心治理责任。治理工作困难重重且富有挑战性，但对社团非常重要，而且与过去相比，对社团的现在和未来更为重要。获得社交网络和意见交流的机会是相对比较容易的，有很多其他方式可以给本专业或行业领域的领导提供这些支持。例如，行业或专业领域的"峰会"就可以取代大型理事会以前所享受到的社交网络和高层次研讨。

- **五人制的理事会中，单个理事不是会更容易制定满足特殊利益需求的计划吗？**

  如果遵循之前我们提出的严格的选择过程就不会。如果有代表特殊利益或私利的理事通过系统的漏洞逃过审查，我们相信一个较小的、强有力的理事会比大型理事会更容易应对这样的人，因为在一个较小的群体中这样做不会太尴尬。因此，我们认为，大型理事会比小型理事会在人事政治管理方面要脆弱得多。

- **在现在的组织结构中，想要进入理事会的会员数量已经比理事会能提供的志愿者职位更多了，现在这种不平衡将进一步恶化，我们怎么处理这个问题？**

  有管理的兴趣和有管理的能力是两回事。如前所述，在理事会任职的动机有很多种。但是，如果你认为你的志愿"替补席位"已经人才济济了，那想象一下你的委员会和工作小组该会有多强大。再想想你的草根倡导工作、你的资金筹集活动、你的社区宣传或社会责任的倡议将会是什么？如果备选的志愿者对这些机会都无动于衷，那你就需要质疑他们为什么要一门心思地进入理事会了。

9.**承诺**。人要得到一定的利益或好处，就必然要有所放弃。如果我们放弃传统的理事会结构，我们得到的回报是什么呢？制定一系列能带来影响的最终计划，承诺一旦转变为能力本位的五人制理事会，你就能在短时间内实现这些计划。

　　尽管努力促进根本性变革的过程不是一帆风顺的，但通过提高理事会和委员会层面的治理效率，可以为我们之后要讨论的变革提供条件。我们将在下一章中讨论委员会的改革。

## 第二章案例研究 1　　根本性的变革：成立一个五人理事会

社　　　　团：新泽西兽医医学协会（NJVMA）

预　　　　算：45 万美元

工作人员数量：由专业管理公司管理（社团管理公司）

会 员 数 量：1000 人

**案例研究：**

新泽西兽医医学协会有一些创举：将地理区域本位的理事会代表制变为能力本位的理事会代表制，并缩减其理事会规模到五名成员。这两个变化是对现在社团管理和治理现状深入分析的结果：志愿者时间更加紧张，社团比以往任何时候都复杂。许多社团已不再以任务为导向，而转为设定战略方向和评估整体表现，这更像是以营利为目的的理事会而不是传统的社团理事会。新泽西兽医医学协会的执行理事里克·阿拉姆皮倒并不介意这种变化。事实上，他说："如果你不改变你们社团的治理和结构，你可能就要落伍了。"

阿拉姆皮是六个社团的执行理事，其中就包括新泽西兽医医学协会。这六个社团的理事会没有一个是基于地理区域或特殊利益建立的。它们更认同寻找最好的和最聪明的领导人，而不是那些碰巧住在某个地区或是某一个特殊利益的代表。他说："我就直接告诉与我一起工作的志愿者，如果你通过邮政编码选择组建一个棒球队，那最终球队可能会有九个接球手。他们完全理解，然后，我接着说，如果有三个超级巨星住在同一个城市，为什么我们不三个都要？"现在，招募志愿者不再根据特殊利益或地理区域，而是根据社团认定的核心能力招募。这些能力包括远见、韧性、弹性、开放的理念、激情和对行业与社团的认同。

社团花了 18 个月的时间将理事会转为能力本位，一开始是靠理事会规模的缩小，同时这个结果能最终实现也需要靠直面现实存在的问题。新泽西兽医医学协会的现实就是通常只有三人或四人积极推动召开理事会会议，理事会的其他人都不会为此做准备。阿拉姆皮说："你也应该经历过，我编好了理事会材料，在三周前寄给理事们，但他们甚至都不屑于掩饰，只有等到理事会上才打开信封。当我在理事会上指出这个问题的时候，他们也承认他们没有时间看，也不了解相关议题。"

虽然将理事会规模变小意味着要重新安排志愿者，有些人转移到了社团的基金委员会，而其他人则正参与一个区域兽医会议。还有另一些人也很乐意直接结束他们为社团的服务生涯。

现在新泽西兽医医学协会的理事会是由全体会员从一系列的候选人中选举产生的。五名成员组成的理事会再选出自己的主席和司库，每年召开四次会议，每次会议持续不到两小时。

阿拉姆皮承认这些举措不一定适合每一个社团。他所管理的一些团体都太过社会化了。他说："当我和其他高管谈论这个话题时，这是一个很大的障碍，他们的理事会是非常社会化的，他们不想放弃他们的友谊以及其他一切。但他们这样做是没有考虑社团的利益，而只是在考虑他们自己的利益。"

阿拉姆皮承认在他和兽医协会的理事会之间有很高程度的信任，让他能更顺利地引导理事会进行改革，因为改革成功的关键是大家首先要达成共识。阿拉姆皮建议希望变革的执行理事们："能和你信任的志愿者领导……一起去吃个晚饭，聊聊相关的问题，那样你就能大概掌握情况了。如果说与三或四个人聊过后，得到的反馈都是消极的，那就可以放弃了。如果他们认为这事挺有意思，那就可以继续推进，让更多的领导加入。"

聪明的管理者明白，你获得的支持越多，变革就越容易，无论你是想改变理事会的构成还是想重新审视你的会员市场。这一点在整本书的案例研究中会一直反复强调，这也是在衡量你的组织是否已准备好进行根本性变革时应该注意的。

第二章案例研究 2　　根本性变革：成为一个能力本位的理事会

社　　　　团：美国动物医院协会（AAHA）

预　　　　算：1100 万美元

工作人员数量：70~75 人

会 员 数 量：40000 人

**案例研究：**

除了理事会，美国动物医院协会以前曾安排地方分会会员为社团的基层活动提供帮助，至少这是当初设想的工作方式，尽管事实并非如此。前执行理事约翰·阿伯斯回忆："我们在治理结构方面耗费了许多经费，但是并没有获得多少成果。"更复杂的是，那些地方性的团队也在为社团输送理事会会员，而不管这些会员是否起作用。"我们的理事会更大程度上是基于资历和轮换制，而不是能力。"

当有工作小组被委派审查协会的治理，并试图朝能力本位的理事会模式前进时，它也在同时解决其他的变化，这些变化包括去除地方性的团队，减少委员会的数量，将理事会的任职期限从三年减到两年。据阿伯斯的说法，这样做的结果就是节省了协会的成本，因为取消了一年两次的地方团队会议并建立了更有效的更有战略眼光的理事会。

社团现在有一个领导力鉴定委员会，任务就是寻找、面试和提名潜在的理事会成员。鉴定委员会不需要考虑地域、在地方分会的经验或以前参与委员会的经历，可以自主从全体会员中选择任何他们想要的人。候选人需要提交申请意向书、简历，并对鉴定委员会的提问做出书面回答。鉴定委员会会选择部分或全部的申请者（根据其对候选人的兴趣）亲自进行面试，然后决定提名人选。如果最后有一个以上的候选人，那么就需要进行选举。但阿伯斯说这很少发生。

对区域性团队会员的调查显示，财务费用是审查目前业务的关键，被调查者承认他们有时候奇怪为什么要设立那些职位，而且对他们在自己岗位上的表现给出的评价也不高。此外，志愿者认为他们的个人时间压力给其服务协会的效率带来了挑战。阿伯斯提到："当我们开始谈论这一问题时，我就能够说出对地方分会投资的具体成本，我能用数据来展示我们从这些人中所得到的治理结果，所以我们有事实依据来证明这一切。"

该协会的大胆举动导致志愿者从地方团队和委员会脱离，一些组织通常不喜欢做这些事。小组团队采取了两个步骤来减少损失。第一步，它同意在未来几年中审查这个决定，以确认这个决定是正确的。第二步，它为那些被移除出原职位的人建立了一个领导力委员会。

阿伯斯说："我们承诺，按照这种方式经过3~4年，就会看到变化。"但很明显这种变化是有利于协会的，所以没有理由回到以前的状态。

但领导力委员会就另当别论了。虽然委员会的每个成员都有具体的职责，而且他们在每年的年会上都会在一个社交活动上碰面，但阿伯斯说："它从来没有起到过真正意义上的作用，6~7年后我们就把它解散了。"

改变治理并不容易。但如果这种改变能得到志愿者而非员工的拥护，并得到真实数据的支持，那成功的概率就会高很多。阿伯斯认为："通常获得成功的关键是有一个好的、令人信服的，并且不涉及个性或情感问题的逻辑论证过程。"——这对于那些既是推动根本性变革的设计师又恰巧是社团高管的人来说是一个值得关注的好点子。

# 第三章　委员会的改革

　　委员会 ① 体制是传统社团治理结构中的组成部分。委员会既可以通过负责实现社团某种特定功能，也可以通过服务于某种需要的能力来支持理事会的工作。不论哪种方式，委员会本应该对社团有所裨益，但是往往更可能是没有效率也不起作用。

　　理论上，委员会看起来很棒。委员会从会员中吸纳人才，并把这些宝贵的资源用于重要的社团活动中，从而更好地完成社团的既定目标，实现社团使命。委员会的参与行为还可以衍生出其他作用，比如提升会员凝聚力，为会员搭建社交平台，也为社团储备潜在的未来领袖。

　　但事实上，这并不是大多数委员会运行的现状。一个幸运的社团可能拥有两三个运作积极、富有成效的委员会；但是，拥有卓有成效的委员会结构的行业性社团或专业性社团，虽然存在但也只是凤毛麟角。这些委员会没有发挥作用的原因是多样的。

　　根据我们社团工作经验和与志愿者的多年交流，我们估计至少有一半的委员会并不清晰理解他们应该做什么。鲜有理事会花时间深入思考一个委员会的工作重点是什么，也鲜有理事会在战略规划中确定将委员会的实际工作与实现社团目标和宗旨连接起来的方式。许多委员会连轴转了数月，试图明

---

① 原文为 committee，是相当于中文语境的专业委员会、工作委员会，是理事会（board）内部的工作机构——译者注。

确他们应该做什么。这样既浪费了宝贵的志愿者资源，对于委员会主任或委员来说，也是一段不愉快的经历。

哪怕理事会承认委员会在下一年没有任何要做的事，他们仍会组建委员会，任其一整年的随波逐流。他们会说："你永远不知道未来将会发生什么，防患于未然，我们将提前做好准备。"再说一遍，这种态度对于开发志愿者资源没有多大作用，对于委员会主席或者委员而言也是一段不愉快的经历。

在大多数情况下，委员会是因志愿者的需求而产生的。任何人只要想，都可以报名参加委员会。前面提到的成为理事会理事的驱动因素（利他主义、利己主义以及虚荣心）也适用于委员会（在专业性社团，许多人仅仅想用委员会的经历来为其简历添彩）。所以会有二三十人对委员会的宗旨或责任以及专业领域的一些知识与技能感兴趣（至少对他们所做的感兴趣）。新的一年我们希望有能力的会员报名参加委员会。没有良好的开端，哪有令人满意的结局。绝大多数委员就仅在首次会议或电话会议上亮个相，半年后，委员会中活跃的委员不到一半。到了年末，还在委员会工作的委员已是屈指可数，希望这几个人是称职的。

如果幸运的话，一个委员会中的一两个人的工作能是真正高效的。有时候理事会会承认，这些工作的确一个人就能包揽，并不用画蛇添足地任命其他人。

在某些情况下，委员会的确会提出些深思熟虑的建议并提供给理事会。但是往往理事会会拒绝其建议或加以修改，或者根本不执行建议。一个社团的管理者认为社团没有充分利用那些真正做实事的委员会的价值，令人深感遗憾。他说，对于委员会的建议，他们通常的回复是："感谢您的辛勤工作，这项建议与我们的工作思路并不相符。坦白讲，我们现在也没有资源给这个领域的任何项目提供资金。"再说一遍，这种回应对于开发志愿者资源没有多大作用，对于委员会主席或委员来说，也是一段不愉快的经历。

另一种情况是，委员会主席独揽委员会大权，使委员会的志愿资源为其私人目的服务，这与社团的初衷背道而驰。我们能够见到一些独裁的委员会主席把控委员会五到十年或者更长时间，没有任何人敢挑战他的权威。直到其主管的项目或活动悲惨落幕、明显过时，委员会才可能决定注入新鲜血液。与此同时，这个主席的存在已经赶走了许多志愿者，因为这种不愉快且毫无意义的经历，他们再也不会回到社团。

最终，可能有一些对某些特定领域感兴趣的人会加入委员会。他们并不打算做多有意义的工作，也不会热衷于建言献策。他们只是来此寻求机会，以满足其与该专业领域的精英与其志同道合之人交流的初衷。他们的行为并无不妥，但是他们经常觉得应该做一些事情，来证明他们的价值不仅仅局限于社交。所以他们会做一些报告（或者让他们的工作联络员做）来证明其存在的价值，然后接着投身于社交工作中。

现实情况是，社团工作人员常常做了委员会的工作。一个在社团里待了很久的专业人员近日评论道："我的职业生涯接近尾声，我不用再必须照章办事了。让我们放弃这种管理游戏吧。委员会中的志愿者，如同皇帝的新衣不用做太多事，当然，如果有事的话，工作人员会做的。所以，我们还是实事求是吧，别再浪费时间自欺欺人了。"工作人员接手委员会工作的经典案例是财务委员会的预算。当要求委员会主席做出社团的财务报告时，他或她会求助于秘书长或会计，最新的财务报表就到手了。

委员会管理的套路往往成本高、代价大。当时间紧张的主席竭力管理着委员会、尽量赶进度的时候，员工们在一旁静观守候。当委员会主席工作落后时，有员工试图介入，但常常在最初的一两次就被拒绝。当工作落后的情况变得更糟糕时，委员会主席会做出让步，员工会在最后时刻赶来完成工作。

对委员会的最后一个观察显示：该体制总是被看作培养未来理事会成员以及社团领导者的平台。它就是后备力量，人才库，会员展示能力的平台以及社团观察会员能力的机会。我们不禁要问：传统的委员会结构以及其所带有的功能缺陷如何能够产生出有能力的领导者？我们相信，大多数的委员会中不事生产，没有充分开发其管辖的会员资源，没有给会员带来积极的体验，而且事实上，社团赶走的会员要比培育的会员更多。在许多情况下，留下的志愿者并非是最有优秀或最聪明的。他们是一群追星族和赶超崇拜者。虽不中，亦不远矣，他们爱好旅游，用大人物充门面，和同行把酒言欢，满足他们的虚荣心。

# 委员会的根本性变革

委员会的第一个根本性变革是，所有委员会或特别任务组由社团工作团队中的专业人员主持。在这个岗位上，他们将会负责人员的识别、初筛、预选并为该任务组选择最合适的志愿者。这有助于确保委员会领导是有能力的，减少由友情或喜好决定任命的行为。

在此方案中，不会再由时间紧张或缺乏相应技能的志愿者们管理委员会或工作组。我们不得不将管理我们最宝贵但却日益稀缺的资源——志愿者会员——的责任交于专业人士手中。这项进程的推进首先会遇到专业性社团的阻力。大多数参与专业性社团的志愿者认为，只有他们中的一员才有能力管理委员会，门外汉对于所涉及的专业问题缺乏相应的认识和理解（这就是为什么他们更倾向于从他们的领域来聘请社团高管。像医学专业管理人员多为医学博士）。有一次，一个志愿者拒绝向一位工作人员分配项目，因为她"不具备专业性这一先决条件"。

在帕梅拉·威尔科克斯的《全貌—创建杰出的非营利》一书中，作者写到：

"我是内行"是有意识或无意识地相信，委员、捐赠者或会员在职业或事业（组织的使命）上的专业知识会转化为非营利组织管理（即组织的经营）的专业知识。其思路如下：美国律师协会是关于律师这一职业的，所以管理该协会就需要有足够律师经验、尊崇法律的人；美国心脏协会涉及心脏健康方面，所以旨在为心脏健康服务的志愿者就要了解心脏健康的专业知识，从而来更好地管理该组织。

威尔科克斯还写道：

> ……许多委员、捐赠者以及会员相信那些不善于精打细算的人，专业的工作团队不可能像委员、捐赠者以及会员一样那么关心该组织。另外，潜在的假设是无偿工作者（志愿者）出于关心而加入社团，而工作人员则是为了金钱。

委员会成员毫无疑问地可以由同意加入的专家担任。他们带来了宝贵的专业知识和远见。然而，管理该委员会需要一套完全不同的技能，拥有"专业精神"并不是其中之一。您将在我们为未来的社团工作人员提出的建议中看到，他们需要提高行业或专业领域的知识，这是对他们社团管理技能的重要补充。

根据我们的经验，行业性社团的志愿者相对于其他专业性社团的同行来说，更愿意授权或委派工作人员。这些专业性社团并不视工作人员为拥有多年管理经验的专业人士。行业协会的领导对于人尽其用有更好的认识，所以尽量确保合理配置人力资源。

管理志愿者委员会或任务小组需要一些常人没有的技巧。你必须了解如何管理一个项目，你必须懂得如何沟通、建立共识、处理冲突以及组织和管理会议。你必须知道如何建言献策，如何写好报告，以及如何驾驭社团的行政体系并在固有的政策框架内工作。

一些志愿者具备某些技巧，而只有少数人能掌握大多数技巧。掌握所有这些技巧的人屈指可数，还有一些人一窍不通。

志愿者培训与发展项目对此会有所帮助，但是往往一些时间压力大的会员并不愿花时间去参加培训。无论有没有做好准备，他们只想尽快完成手中的工作。即使他们利用志愿者发展项目提高自己，等到他们不得不去运用这些技能时，时光匆匆，另一个毫无经验的新会员掌握了控制权，他们已无用武之地。

除了管理一个委员会或特殊任务组所需的技能，事实上，我们要求委员会或任务组处理的事情更为复杂。那不仅仅是简单的任务，他们需要比从前更老练。一个业余者（志愿者）往往不具备处理复杂问题的技能，这超出了其能力范围。

这里有很好的一个关于会议地点选址和酒店合同谈判的例子。过去，委员会安排这些事务。他们进行现场遴选，并在会议管理方面发挥了作用。而现今，合同蕴含的法律复杂性、会议选址以及错综复杂的谈判不是你单纯委托一个职业注册会计师或专业的牙科保健员就能搞定的。

另外一个例子是为了一个行业的利益向国家行政机关游说。几十年前，一个委员会的几个医师凭着对政策流程的理解和兴趣能够承担一个全国性医疗协会的游说工作。而近年来，这显然是不可能的。职业说客是不可或缺的。

让专业的员工去管理委员会会对员工的能力提升和资格胜任产生影响。员工必须了解行业与专业，而这些在以往并非必须。他们不需要有行业或专业经验（尽管他们可能拥有相关经验），但须对行业有基本的了解。在许多情况下，员工将要与以前"挂挂大衣、做做笔记、打打杂"的旧工作模式说再见，他们需要进行实质性的自我能力升级。

一旦专业工作人员管理委员会，他们将有权利将其委员会与任务组整合在一起。就像理事会这样的结构，要以能力本位为基础，不能任人唯亲，也不能意气用事。相反，就人才和知识而言，委员会需要什么？哪些会员（或非会员）可以把这个带到理事会？在那些可以胜任的人里面，哪几个才是最合适的呢？

专业工作人员需要像猎头公司那样，搜索、识别，为委员会团队招募到合适的人选。他们可能握有拥有专业知识和经验的会员数据库，他们知道如何寻找有资质的合格候选人。一个委员会一旦成立，他们必须要掌握管理这些委员的方法，了解让身边的志愿者人尽其才、才尽其用的路径。

一位社团高管提出一种"实时管理"式<sup>①</sup> 的志愿者管理方式。在制造

---

① 实时管理（just in time，JIT），管理学术语。JIT 的基本原理是以需定供。即供方根据需方的要求，按照需方需求的品种、规格、质量、数量、时间、地点等要求，将物品配送到指定的地点。不多送，也不少送，不早送，也不晚送，所送物品要个个保证质量，不能有任何废品。JIT 供应方式具有很多好处，主要有以下三个方面：一是零库存。用户需要多少，就供应多少。不会产生库存，占用流动资金。二是节约。用户不需要的商品，就不用订购，可避免商品积压、过时质变等不良品浪费，也可避免装卸、搬运以及库存等费用。三是零废品。JIT 能最大限度地限制废品流动所造成的损失。废品只能停留在供应方，不可能配送给客户——译者注。

业采用实时管理法时，只有在需要的时候才送货，不要堆积库存。在社团里采用实时管理，意味着你不能让志愿者来社团却无事可做闲坐着，除非有需要，否则不动用志愿者资源。当需要志愿者的时候，社团需要制定严格的程序进行识别和筛选，保证志愿者管理效果最优化。

该方法的使用可以明显提升志愿者的参与质量。有研究表明，有效参与是归属感的关键。但是社团如果认为委员会的所有参与都是积极的并认为其促使志愿者与社团之间形成了紧密的联系，这无疑是欠妥的。有人可能认为目前委员会的大部分工作经历是差强人意的，也有一些显然是消极的，且令人大失所望。时间紧迫感提高了对委员会服务的期望值。拥有不愉快的委员会工作经历的那些志愿者们，很可能会回归工作、家庭以及朋友的怀抱中，让其他会员接手社团委员会再重复这无意义的一切。

以下原则有助于指导社团对委员会进行改革。

**确定真正所需的委员会数量**。在重新设计委员会运作方式之前，对现有委员会进行一个从零开始的评估。分析他们的表现和贡献，淘汰边缘化的委员会。重新设计一个社团并不需要的委员会毫无意义，这是对资源的浪费。

**了解真实情况**。在评估过程中，创建委员会绩效数据，从而了解各委员会在哪些方面起作用、哪些方面运行无效。你需要找到特定的实例，了解委员会在哪些方面乱作一团、委员会主席在哪些方面把事情搞砸、哪些工作截止期限被延误了、哪些预算超支以及工作人员在哪些方面不得不在工作最后关头跟进。对不出力的志愿者进行点名有一定风险，所以，与志愿者领导的最核心成员一起开展评估，从而将政治负面影响降到最低，并严守评估名单以防外泄。你将会发现，比预计中更多的志愿者将会看到现存运行体制的弊端。

**明确界定委员会主席的作用以及任职要求**。不论委员会是什么类型，掌管什么工作，对于该委员会主席的要求都要规范化、书面化。确定是否有些委员会承担和发挥着其他委员会没有的角色与作用，并列出其任职所需的技能与能力。这种方法同样适用于工作组或特设小组。

**通过个体成员确认委员会所需的知识储备与专业能力条件**。记录那个只有委员会成员为完成某项工作而必备某项专业知识的情境，这个会员输入的技能列表是有用的，但并不是至关重要的。对于实现志愿者资源优化，使其专注于有意义的工作，这将是有价值的导引。

**明确潜在挡路者**。随着理事会规模的缩小，将反对这一变革的志愿者名字记下来。最可能反对的是长时间担任主席的人，另外对该位置觊觎已久的志愿者也会反对。将他们的主张内容记录下来，准备好回应。

**由特定的几个委员会打头阵**。社团无法将整个委员会结构都转变为这种模式。确定几个你最有理由进行工作人员管理的委员会，且在这些委员会中工作人员现阶段工作高效，备受推崇。最容易选择的是对于会员的专业知识或技能没有显著要求的委员会，挑选你认为绩效将会有明显且快速增长的几个委员会开始变革。

**做好成果展示**。向理事会展示成果，展示与以往比较，现在的工作进程完成速度，展示志愿者资源的积极性是如何被挖掘的，显示出新体制相对于传统体制的优越性。强调员工与志愿者协同工作、并肩战斗的价值，打破了社团中传统的"我们与他们"隔阂的工作心态。

**尽己所能，使更多的委员会转型**。一旦证明了新体制的成果，你可能会得到一些志愿者的支持，他们喜欢高效合理的，并能够履行职责展现价值的委员会。当志愿者的经历变得更加有意义时，会提升那些参与过委员会转型的志愿者的成就感，这样，你将会得到对大范围转型的支持，如果并非所有的委员会都支持，那就从你的委员会开始。这样做需要向员工委任比以往更多的责任。这一观念不仅确保志愿者能将时间花在有意义的工作上，而非简单的橡皮图章，而且还能为社团带来挑战员工、激发其工作潜能的机会。这使得社团更容易招募并留住顶尖人才。我们下一章讨论首席执行官与员工任用的同时，将对该话题进行详细的讨论。

# 第四章　CEO 赋权与员工增能

社团有一个由五位能力本位的理事组成的理事会，第一个好处是能让首席执行官（CEO）与员工增能，他们的作用目前远未得到充分发挥。

CEO 拥有了这样的理事会——它是有价值的资本，而不是社团的绊脚石：从该职业或行业领域中精心挑选的五位领导者，每一个人都有管理经验，并且都拥有与社团发展重点和方向相匹配的战略能力。另外，员工主持的委员会聚焦、瞄准干社团的优先事务，从而支持理事会的工作。

推动社团治理向员工增能赋权方向转变的潮流已势不可挡，这一态势也会持续推进向员工授权责任。

在过去，时间的压力严重制约了志愿者领导人为社团做贡献的能力。正如我们前面提到的，由于种种因素，志愿者比以前更加忙碌，结果就是减少了在社团工作的时间。当他们有时间处理社团工作的时候，又会受到其个人因素和职业的干扰与影响。你只要观察理事会开会的情况，就会发现理事们到得晚，走得早；在理事会审议期间，他们发邮件、发短信。因此，即使社团能争取到他们的时间，他们对理事会的专注度和努力程度也会大打折扣。

而且，行业协会和专业协会已经成为复杂的组织。它们竭力扩展组织规划、服务和活动的范围（经常对它们产生不利，我们将在第六章分析这一点），它们的信息系统比以前任何时候都更复杂，交流传播媒介是多元的，组织关系已大大拓展，财务和法律框架更加复杂。所有这些因素都使得社团需要增强管理能力，并且需要把以前由志愿者承担的责任委托给专业员工来承担。

志愿者拥有极其丰富的技能、能力和经验。但是他们并不是专业的社团管理人员。当他们作为社团的管理者时，就是个外行，或者说像辞典中的定义，称其为"在某项特定活动中缺乏经验或者技能的人"。

另外，即使理事会成员向社团做出或多或少不同程度的承诺，但他们终究不是全职的管理者。

未来的行业协会或专业协会不适合由兼职的外行进行管理，但可以由五名理事组成的理事会和得到授权且增强了能力的员工共同来运营。

全新的五人治理结构将激发出社团员工前所未有的潜能，使志愿者资源得到最高效和最佳的利用。那些善意的但与社团发展脱节的志愿者提出的误导性的议事日程一去不复返；决策过程中不计其数的拖沓一去不复返；由于烦琐的批准流程而错失良机的情况也一去不复返；委员会委员浪费大把时间的拖泥带水一去不复返。与以往的低效与迟钝不同，社团将会更敏捷和精进。

如果你认为这是盲目乐观，那么你就看看执行委员会的运行吧。我想你应该会同意，在大多数情况下，他们工作得很好。员工远比一个规模较大的理事会的理事更给力，来自小规模团队的动力比规模较大的理事会更富有成效。除了有时会做一些微观管理，他们能够专注于重要的治理问题。请记住，这个能力本位的五人理事会是经过细致的审查筛选出来的，理事们能够认清自身的角色以及优化社团人力资源的重要性。

同样地，得到授权的 CEO 和员工也能认识到自身的角色和优化社团资源的重要性。基于此，让我们来看看一个"焕然一新"的社团是如何运作的。

一个专业社团请外部顾问协助社团进行年度会议规划，这是社团有重要培训功能的基层会议。社团有筹备会议的员工，此前都是社团内部人员来筹备会议。顾问之所以被邀请，是因为人们认为外部专家能够提升会议的绩效和价值。

负责确定培训内容并挑选发言人的教育委员会，已经完成了工作并且所提的建议都已得到了批准。所有培训主题及发言人都已定下来了。

顾问则负责协助社团确定会议形式并将会议的不同部分组织起来，包括：专题报告、培训评估、工作坊和社交活动。

首先是请员工设计申请书，在理事长和新当选的理事长审阅后再将申请书模本分别发给 10 位可能成为顾问的人。理事长、新当选的理事长、CEO 和会议主管共同审阅递交上来的申请。这四个人对三名入围者进行面试并确定最终的顾问人选，之后再和顾问进行一系列的电话会议。明确目标、确定日程后，顾问制定了一套会议设计草案供审阅和反馈。对最终的会议安排达成共识需要耗费四次每次一小时的电话会议。

在整个过程中需要理事长、新当选的理事长、CEO 以及会议主管参与以下事项：

| 活动 | 小时数 | 成本（200美元/小时） |
|---|---|---|
| 审查申请书模本草案 | 4 | 800美元 |
| 反馈申请书模本草案 | 4 | 800美元 |
| 审阅草案第二稿 | 4 | 800美元 |
| 反馈草案第二稿 | 4 | 800美元 |
| 批准申请书模本 | 4 | 800美元 |
| 审查（收到的）申请 | 8 | 1600美元 |
| 挑选入围者 | 8 | 1600美元 |
| 面试入围者 | 32 | 6400美元 |
| 项目启动与咨询顾问电话会议 | 4 | 800美元 |
| 审阅会议设计草案的4个版本 | 16 | 3200美元 |
| 为集中反馈意见召开电话会议 | 16 | 3200美元 |
| 总计 | 104 | 20800美元 |

以上所需时间仅是保守估计。其中既不包括员工撰写申请书模本初稿的时间，也不包括组织协调电话会议所花的时间。同样，也没有包括那些在洗

澡时、上班途中用来思考项目的难以统计的时间。每小时 200 美元的成本也只是保守计算。

社团在这个项目上的花销超过 2 万美元，耗时不止 100 小时。我们可以认为，根据实际上每小时的成本，上述案例中的成本可能会高达 4 万美元。

# 小　结

- 传统方式是对社团的最宝贵资源——人力资源的一种严重浪费。这种方式让最宝贵的志愿者资源负责原本由会议主管就可以全权处理的工作，耗费了志愿者大量的时间，却没有让这些高级志愿者专注于社团所面临的那些更有挑战性的工作。

- 没有人去估算或是评估社团所用的时间以及金钱成本。理事长和新当选的理事长对当前进展和实际达成的效果感到满意。

- 管理一个具体的项目，比决定事情的优先顺序或是发展方向要容易得多。但是志愿者的时间应更多地放在应对、解决那些所有会员面临的整体性问题上，而不是花在像开发一个新的培训方法这样的具体问题上。

- CEO 对决策层领导亦步亦趋，他们打算在这方面花费他们的时间，那好吧。但是 CEO 不参与显然是不明智的。如果没有监管、没有指导，那么志愿者的领导人可能好心办坏事。

- 需要社团专业人士的知识和洞见的会议工作，恰恰已经被教育委员会所设计好的教育内容和推荐的会议发言人限制住了。

- 理事长和新当选的理事长不太可能在草案起草过程中或最终做决定时贡献任何有实质价值的意见，除了在这过程中加入个人的偏好。

- CEO 参与会议安排设计的具体事项应该分配给会议主管。

- 理事长、新当选的理事长、CEO 为此付出的时间和精力的机会成本是相当高的。要是他们用宝贵的时间来处理专业性的问题或是去分析趋势及趋势对社团产生的影响，会怎么样呢？要是他们用同样多的时间去思考如何利用互联网技术给社团带来的机会，会怎么样呢？要是他们用宝贵的时间去评估与相关组织或其他利益相关方的潜在合作可能性，会怎么样呢？

- 在一个赋权给 CEO 和员工的社团里，CEO 和员工有权根据需要雇用专家，会议主管会负责聘请经 CEO 批准的顾问。会议主管将会协同顾问一起设计建议方案，提交 CEO 批准。CEO 将通知理事长和新当选的理事长新一届大会的设计方案。

如你所见，在速度和效率上，传统运作模式与新兴运作模式间存在巨大的差异。更重要的是，新的管理模式更能通过使员工及志愿者分别根据各自能力开展合作而充分开发利用人的潜能。员工获得所需要的行动空间和授权，让他们能够回应社团及其会员的需求；而志愿者则根据其经验和专长做出贡献。协同优势充分发挥出来，新的合作关系诞生，能量大增，社团从而更具活力。

## 坦诚是关键

新的治理模式的另一个优点就是能促进员工与志愿者间坦诚、直率地沟通。参与者少，使得彼此间的信任能快速建立，同时更容易识别纠纷。领导圈子越小，团队合作水平越能得到提升，缺乏责任承诺或是回避责任的现象会更少，这两种现象在帕特里克·兰西奥尼《团队协作的五大障碍》一书中被定义为组织功能障碍。

传统社团的运作模式通常因为缺乏坦诚交流而走向末路。员工通常认为的，那些可归功于理事会理事或委员会主任的社团成绩，实际上与这些人的作为没有太大关系；或者志愿者只是简单地因员工的工作而受赞赏。当志愿者做出不准确的发言或是颠倒黑白时，员工却站在旁边保持沉默。员工们怠于与 CEO 就某一话题争辩，而宁愿顺其自然。

尤其是 CEO 的年度绩效考核通常会被推迟或忽略。理事们并不能坦诚相待，而是更愿意只做"好好先生"随波逐流。这样的体系充斥着虚伪。

缺乏坦诚使得志愿者和员工在一种远离现实的环境中工作。一些社团已经在这样"打哑谜"的环境中运营了太长时间，以至于逐渐开始把这种情况视为现实而接受。

精简治理催生坦诚相对，因为员工和志愿者都能清楚描述每个人的分内之事。在员工和志愿者达成共识的前提下，开展热烈的讨论和激烈的辩论，并紧密协作团结一致。在这样的氛围中，员工和志愿者双方都能做到最好。

## 那些书本中提到的角色与责任

尽管治理结构的变化使员工和志愿者的时间因二者彼此更加坦诚而能得到更好的利用，但是像理事会、员工各自的角色与责任还是与以往相同，而关于这些角色与责任的描述已经在社团的出版物中无数次地出现了。

一般情况下，理事会负责制定宏观的政策和目标、聘请 CEO、确保社团有足够的资源、引导社团为其会员的利益服务等事项。

CEO 根据理事会定下的目标负责社团的运营。管理者就做什么、怎么做以及谁来负责等工作进行决策。

虽然，关于这些角色和责任的表述有很多种，但是几十年来，其本质上是一致的。尽管成千上万的会议、数以百计的文章、大量的书籍都讨论了理事会和员工的角色及其局限，但是作为领导人的志愿者仍继续不恰当地介入社团的管理决策和运作中，除了那些最自律的组织。

为什么？答案很简单。管理比治理更容易。虽然大多数志愿者有管理经验，但是他们没有那么多的治理经验。更进一步地，大部分管理工作是独立决策，往往面对的是当下的问题、短期的问题，而治理则需要在宏观问题上寻求共识。并不是所有的管理者都懂得如何去寻求共识。另外，多数的管理非黑即白，而治理是灰色的，因为治理决策需要有人来考虑多个群体的需求。人们很自然地往容易的方向走，这也是使人们从治理角色退回管理角色的原因。即使在最好的情况下，志愿者们也经常会"越位"。必须承认，那些试图解决"治理 VS 管理"难题的努力往往是苍白无力的。这就是小规模且以能力本位组建的理事会为什么是必不可少的原因：它能克服规模大且结构涣散的理事会之成本高且易误入歧途的弊端。

虽然志愿者管理不当可能会成为问题，但在许多情况下 CEO 和其他员工都是问题的一部分。当志愿者越位时，他们显然不愿意去质疑志愿者，因为他们不想破坏人际关系，或者说拿他们的工作来冒险。当保住工作成为目标，向调皮捣蛋的志愿者让步就很容易被理解了。

精心挑选的小型理事会是否确保能管理好那些志愿者？他们应该和员工一起来参与志愿者的管理。从治理陷入管理的诱惑始终存在。管理，其产出或结果通常能得到及时反馈，因而更加具体。治理中涉及的政治错综复杂，治理决策比管理决策更为困难。但是，如果遵循新的模式，那么"越界"的志愿者和"授权"的员工所造成高昂代价的后果将大大减少，志愿者和员工资源也将得到前所未有的充分利用。

# 对待员工的心态

理事会/员工关系在不同的社团以及不同的理事会下会有所差异。这一心态取决于以下三部分：社团文化、员工和志愿者的特性以及履历。我们先从履历说起。

理事会是保守派。如果秘书长在其之前的专业或是行业领域有过失败的经历，那么在社团的管理上其愿意选择雇用社团管理方面的专业人士。如果社团专业化失败了，那么下一任秘书长必须来自该专业或是领域。通常人们认为，只有拥有行业背景并掌握实际工作经验的人，才有能力运营社团（在某些情况下，秘书长的专业资格甚至在社团章程中做了规定）。如果雇用一个业内人士遭遇了失败，那么又会向行业之外寻找有成功经验的人。如果一个强势的秘书长失败了，那么接下来的反应是又会去找一个行政人员。人们唯一能期待的是并没有单一的用人标准，免税的会员组织同样也需要管理技能。

当存在员工奴性文化的时候，对待员工的心态将是又一个挑战。在这样的情况下，作为领导的志愿者是主导者而员工是跟随者。这种情况令人遗憾但却是客观存在着的。在某些"领导"中间弥漫着傲慢的态度，认为志愿者是组织中唯一有见识的人，员工的能力仅限于承担行政或是低层次的责任。有时这是弥漫到了整个组织层面的复杂优越感，在其他情境下也许只是某些个人持有的态度。这样的治理思路使得人力资源得不到充分利用。此外，这样的"领导"风格，将影响社团吸引并留住优质人才的能力。试问，谁想要在这样的环境下工作呢？

另一种思维模式是"组织是我们的，当然需要我们去运营"。我们听到传统的谚语在社团管理人员中间一遍又一遍地传播："不要忘记：这并不是你们的组织。"除志愿者经常打着这个旗号之外，社团的管理人员也同样会相互提醒，据说这样做是为了让彼此不陷入难堪的局面之中。

我们并不理解此种想法。美国企业中的管理者们是否也会彼此互相提醒，公司不属于他们？是否需要提醒他们，实际上是股东拥有公司？我们是否不想让社团的管理人员成为真正的管理者，对工作充满激情，坚守承诺，将社团当作是自己拥有的那样去运营？或者说，我们是否更愿意自己的员工成为那些对所在组织的关心少得不能再少的官僚，因为组织"并不属于他们"？虽然员工在法律上并没有社团的所有权，但是我们仍然希望他们像主人翁一样工作。

志愿者越位、介入具体的管理活动是基于这样一个潜在的假设：任何人都可以运营一个社团，哪怕是任意一位验光师、经销商、图书管理员或工程师。这个假设来源于对社团管理的有限了解以及对运营社团所真正需要的条件的片面理解。这看起来容易，但运作一个社团到底有多难？CEO的工作看起来特别容易：他们经常出差，住豪华酒店；他们参与社交活动，参加奢华的晚宴；他们没有生产定额的压力，有着环境舒适的办公室和众多行政助手。差不多任何人都能扮演好这样的角色，是吗？当然不是！

# 未来的技能组合

当下的社团需要的不仅仅是专职管理，还同时需要新的能力。这些能力有的刚刚出现，而有的则还没有被定义。随着需求增加，志愿者充分满足这些需求变得越来越难。例如，2009年特许金融分析师（CFA）协会聘请了一位创新和新媒体主管。这个岗位的职责是用社会媒体来提升社团的知晓度，来关注网上会员的声音，通过构建社群来提升会员对特许金融分析师协会的忠诚度和亲密度，并促使现有和潜在的会员登录社团的在线网站。

你能想象志愿者会为社团有效率地做这些事情吗？

睿智的领导者更愿意增加对正式员工的期待，而不是期待兼职志愿者拥有必需的技能和专长。这使得成功的秘书长们和专业员工需要在职业或专业技能上有所提升。正因为他们承担着更多的责任，因此他们必须深入了解如何专业化和职业化的运作、参与者如何互动、市场的动态、竞争和战略因素，以及技术发展趋势及其影响。

在传统运作模式中，员工以其实用技能对志愿者的专业或职业专长形成补充。专职负责通信的员工将志愿者名单制作为公开名册，专职负责会议事务的员工将志愿者贡献的知识整合进会议议程，员工梳理志愿者的专业知识，将其转化为标准或是认证项目。随着志愿者资源的减少，员工就被要求去填补这个资源缺口。

在传统运作模式中，办公室一接到一份诉求就会将其转给合适的员工，而该员工则会回答："我会从什么地方找到一个答案，之后再答复你。"未来的员工或将更有能力来直接提供解决方案。

CEO们将无法实现从一个行业或专业至另一个行业或专业的无缝跨越，社团的传播主管将很难从一个制造业的社团跳到一个医学类的社团，一个培训主管也很难从一个行业跳向另一个。关键的主管职位仍需要实用技能，但专业性或是职业性知识的需求将会显著增加。

这无疑会为当前正在热议的辩论更增热度。社团是否要从专业或行业领域或某个专业的社团聘请人才？在大部分情况下，社团在回避上文所提的建议，因为这意味着社团管理不是一项真正意义上的职业而是任何人都能做的工作。但是无论社团按照哪条路径发展，职业化或专业化的管理人员都将需要快速学习社团管理能力，同时社团的员工也需要快速掌握专业和行业领域的知识。

# 员工素质红利

一个能力本位的理事会还有一个尚未提及的好处就是其对潜在 CEO 的吸引力。哪一类顶尖的社团管理者不对这种治理模式感兴趣呢？哪一类杰出的社团管理者会不考虑将现存的理事会结构规模缩小、精心挑选能力本位的理事会领导呢？

当你考虑到我们随后倡议的将能够使社团重获生机与活力的根本性变革的影响时，就不难认识到重新定位后的社团具有吸引高质量员工的能力。当下社团的运作模式说得好听是成熟或是维持稳定，但更有可能处于衰落的趋势中。人们想在哪里工作呢？是在一个疲惫和痛苦挣扎的组织还是在一个有能量和战略眼光的组织？西尔斯百货还是亚马逊？美国邮政服务还是联邦快递？芝加哥论坛报还是谷歌？高水准的员工不仅是某一领域的专家，也有能力让志愿者发挥得最好。正如古谚所说："以铁磨铁，使铁锋利。"志愿者对员工寄予更多期待，员工就会渐渐达到这个水平。当员工应付自如时，他们又将带动志愿者。就这样，整个工作团队将变得更强大、更有效率。

# 当前趋势

给员工的工作授权与社团面临的挑战严重脱节。当前，缺乏必需技能以及足够时间的志愿者仍坚持扮演重要角色，社团为此而付出的代价是高昂的。这种现象将导致决策失误、行动迟缓、人员机构不够优化、错失机会等一系列可能的后果。这种在有效授权员工方面的滞后，是造成社团不能充分采用最新技术而痛苦不堪的原因，而这方面的内容我们在本书的第七章还将提及。

确凿的证据表明，社团正朝着向员工授权工作的方向发展，但进展过于缓慢。一项关于 CEO 职位的调查显示，现在这个职位的实际可被称为主席或首席执行官，而以前则更接近于行政主管，在更早的时候则像执行委员会秘书。953 家社团接受了美国社团管理者协会进行的 2008—2009 年社团薪酬福利研究，研究表明，大约 46% 的社团使用 CEO、主席或二者的组合头衔。改变头衔的举动，则体现了理事会向行政人员授权的趋势，观念的改变需要名称的改变来配合。一位被视作行政秘书的主席实际上仍然是行政秘书。这一发展趋势清晰地表明了社团发展的方向，但也显示出过渡时期的缓慢：仍然有很多社团坚持传统模式，54% 接受福利调查的组织表示仍会使用传统的头衔。

社团的高层管理者和员工薪酬显示了在当今的发展环境中，不断增长的社团管理专业技能需求以及此种需求不断增值的可能性。2010 年美国社团管理者协会的薪酬与福利研究表明，2008—2009 年，CEO 总薪酬的中位数增长了 6.3 个百分点。其他职务的员工薪酬也从较低的 1% 增长至较高的 19.3%。

社团员工的平均规模有所增长。随着组织规模的扩大、结构的复杂化，志愿者将无力为社团做出应有的贡献，组织所需的技能和专业知识并不能简单地建立在依靠志愿者的基础之上。社团必须通过雇用或是外包来解决所需技能和专业知识的问题，看起来越来越多的社团正在如此行事。在美国社团管理者协会于 1996 年给出的政策和程序报告显示社团全职人员的平均数是 23 名，而在 10 年后的 2006 年，基于相同统计口径给出的数据是社团全职人员的平均数为 35 名，增长了 34%。员工团队成长已成大势。

# 一个重要提示

当发现向员工授权出现问题时，我们需要注意到，所有的员工都很难接受不那么主流的观念。有的员工则难以承担额外的责任，有些人无法达到与所需专业或是行业知识匹配的水平。大多数情况下，员工没有充分地履行所担任角色的职能，缺乏当下所需的技能。身处放权的环境中，当改变发生在授权的员工身上时，将会放大缺乏与时俱进能力的员工与环境的不匹配度。对员工进行务实的评估是必要的，以创造变革为目标将是困难的。但这些是值得去实践的。

吉姆·柯林斯在《从优秀到卓越》一书中写道：

> 那些推动从优秀到卓越转变的管理者们，他们不是事先弄明白车往哪个方向开，然后再让人们朝这个方向努力的。同样，他们也不是从一开始就找到了对的人并安排在车上（也没能让那些不对的人都不上车），然后再弄清楚车要驶向何方的。那些从优秀发展为卓越的领导者明白三个简单的真理。第一，如果你从"是谁"而不是"做什么"开始，你会更容易适应不断变化的世界…… 第二，如果车上乘坐的是对的人，在很大程度上就不存在如何激励和管理人员的问题。对的人不需要被严密地管理或是激励；他们能够通过内在的动力激发自我能动性，以创造最佳的结果，并成为创造伟大成就的一员。第三，如果你只有错的人，你是否能找到正确方向就不那么重要了；即使你找到了正确的方向，用错的人仍然不会让你缔造伟大的企业。

# 实　施

下述步骤是为了支持授权员工模式和激励促进志愿者与员工之间的坦诚沟通而设计的。

**制定一个三年周期的战略规划**。理事会和重要的员工在三年的战略规划期内是平等的参与者。战略规划的制定应该在社团发展方向、优先发展事项、最关键的事项以及资源的集中几方面达成一致。你也许会说，"这没什么新意"。然而，1986年劳伦斯－莱特管理咨询公司的调查发现38%的社团运作没有制定战略规划，我们怀疑在过去的25年中这种状况能发生多少改变。

**对CEO进行年度绩效考核**。理事会必须自觉完成对主要行政人员全面细致的考核。在战略和技术规划（第七章将会提到）中所提出的目标绩效测量，应该是一个完整评估体系中的一部分。应每年都进行绩效评估，并在时间上与年度理事会自评保持一致。

**完成理事会年度自评程序**。理事会应致力于每年的自评过程，包括年度调查和行动计划，时间应与CEO绩效评估的时间一致，战略和技术规划中的目标绩效测量（我们将在第七章讨论）也应是完整评估体系中的一部分。为了营造一个公正的环境，评估的结果反馈不要保密，应给到每位参与者。

**每次理事会结束后进行评估和反馈调查**。理事会和主要员工在每一次理事会会议结束后，完成一次简短的评估和反馈调查。这项内容应该简短，要求不超过3~5分钟完成。调查工具应该包括会议关键要素的功能评价，并提供反馈机会，以改进未来会议的效率。

虽然以上的内容并不是多么惊艳的建议，但让我们感到惊讶的是，有许多理事会不制定定期规划，不向高层管理人员反馈，不主动进行自我评估以及评估其在工作中作为一个团队的绩效。虽然每一步都是微小的，但是这些步骤汇聚在一起时就会迸发出巨大的红利。而且，当你进入一个以能力为本位的理事会时，这些步骤是确保有效沟通和平稳运作的重要组成部分。另外，承上启下，这些做法也能让你更容易地完成下一章将提出的任务，也就是仔细地观察并准确定位社团在会员市场中将为哪些人提供服务。

**第四章案例研究 1**　　**根本性变革：反思员工的专业性**

社　　　　团：美国电力设备服务协会（EASA）

预　　　　算：260 万美元

工作人员数量：16 人

会 员 数 量：1950 人

**案例研究：**

你所在社团是否提供非常有价值的会员服务，以使你的会员与你紧密联系？美国电气设备服务协会的咨询台，专为会员修理电机等机电设备提供技术支持，这是该协会最具价值的服务。协会刚雇用了第四位工程师处理电话咨询，电话咨询数量每年都在持续增长。这位新进的工程师将协会的焦点从体现其竞争力核心的电动马达和发电机维修扩展到了泵和振动分析。目前，工程师每天要接待 50~100 个电话咨询。

该协会的会员销售和维修电动马达、泵、控制机、风力发电机和其他机电设备。虽然协会会员在向客户提供最佳解决方案时是出售新设备，但因为更换新设备通常不方便或在经济上不划算，所以修复就是最好的选择——而这正是美国电气设备服务协会咨询台对会员的价值所在。当会员在工作中或在其服务中心或在该领域遇到问题时，社团专职团队的工程师就会与他们共同商讨并解决问题。会员们向社团寻求帮助，通常一个工程师在一小时内就能够解决问题。该社团的理事长兼 CEO 琳达·雷恩斯说："我们吸纳工程师成为社团的一员，他们能够帮助解决电动机设计、工艺问题、应用问题以及操作问题，包括泵和振动分析的问题。正因为如此，我们社团获得的会员拥护和为会员创造的价值在过去的 12 年中不断增加。"

雷恩斯说，由于市场在发生变化，社团的价值只会持续地增加。"我们相信的原因之一在于我们正接到越来越多的电话咨询，并且我们将坚持做下去。因为在大学教育体系中没有真正为蓝领提供的教育，而仅仅只有机电维修和技术工作……接受专业蓝领教育的人越来越少，加上许多专家正陆续退休，因此自然会有更多的人进行电话咨询，询问在设备方面的技术问题。"

从事该领域工作的人越来越少、专家陆续退休，这为社团带来了机遇，同时也带来了挑战。更多的会员需要通过咨询台获得技术援助，但是退休人员数量的增加使得社团寻找专业工程师工作的难度加大。最佳员工是兼有该领域的实践经历以及与设备相关的专业理论知识的人。雷恩斯解释："如果你经历过打电话咨询的会员所面临的同样挑战性的问题，那么无疑你可以更好地帮助他们，别的不说，至少你会给予对方更多的同情，而且直接修复和实践经历的作用重大。"

理论和实践的结合是一项微妙的平衡——当雇用电话咨询中心的员工时，社团已经制定了自己的测评方法去判定其理论和设计技能。这是雷恩斯提倡其他社团在考虑发展内部技术支持时应当践行的一步。一个社团必须清楚地了解会员的需求。"最初，我试着鼓励其他社团做一个真正广泛的市场调研，以确定他们的会员需要什么类型的服务。"当你清楚地了解你所需要的专家类型时，那么招聘就很容易了。

美国电力设备服务协会给提供了错误信息的情况购买了责任保险，并使用免责声明提醒会员，提供的信息是善意的而并不是最终答案，会员自己有责任去解决问题。到目前为止，社团还没有使用过这份保险，虽然咨询台的人员配置仍是一项挑战。雷恩斯指出，会员需求评估调查一再表明，工程师员工的访问量一直是最高的。"如果说在社团领域里有哪家社团的哪项工作可以称得上是最能留住人才的金手铐，那肯定是我们的这项咨询业务"她说道。

**第四章案例研究 2** **根本性变革：独立承包方增强员工团队的专业性**

社　　　　团：俄亥俄州注册会计师协会

注 册 资 金：1000 万美元

**工作人员数量**：49 人

会 员 数 量：23000 人

**案例研究：**

当克拉克·普赖斯（CAE）开始为俄亥俄州注册会计师协会工作时，那时还没有诸如互联网一类的事物。然而，他利用互联网的力量把它发展成为社团最强大的保留会员的工具之一：一个通过在线论坛为会员税务会计师答疑的独立承包方。此举认可了为会员直接提供解决方案以及答疑的专职团队的价值，不管服务提供者是内部团队还是独立承包方。

像其他组织一样，在早期互联网发展阶段，俄亥俄州注册会计师协会开发出一份会员邮件列表。会员们利用它询问其他人有关税务的问题。虽然交换是有价值的，但是信息的分享并不一定总是准确的，这就是当时普赖斯团队看到的机会。他们认为，"我们要找到一个能给出权威性答案的人"。在这样的情况下，会员希望获得专业解答的愿望促成了一项新的会员服务。虽然员工不足以作为专家，但是通过价格来赋能总可以找到专业的解答。该服务在税收板块如此成功，使得该协会正在将此项服务向其会计和审计部门推广。

即使会员需要支付额外的费用成为分会的会员，但是此费用是微不足道的（介于 25~45 美元）。除了获得独立承包方提供的税务答疑，各分会的会员能接收到报道其关注领域的新闻专题的电子通信。这没有增加新员工，而是离职员工现在依照合同为电子通信提供信息，受人尊敬的税务教育专家（同样也是答疑工作的独立承包方）为会员提出的问题进行解答。

答疑服务的价值是根据其特殊性而提高的。普赖斯指出："当我们进行解答时，试图在正确的方向上指引会员。我们能提供的是法典的章节条款服务，我们提供的诸如'国内税务局法典 7216 条款'或是其他，这样使得会员们寻求帮助不再盲目。"这份支援对个人从业者来说具有特殊的价值，例如那些在小型公司或是在大公司处于独立状态的人（例如，一位担任财务总管或首席财务官的注册会计师）。"我们从自己的支持者口中听到的是，通过这些专家资源我们提供了巨大的价值。"普赖斯说道。这些支持者表示："这些服务提供给我快速找到答案所需要的资源，因此在我的工作单位，我显得精干睿智。"

"很显然，这对保留会员影响深远，因为会员从这些分会得到了附加价值，"普赖斯指出，"看看会员保留趋势，这显然是积极的。"

社团成功的关键性因素有许多。首先，俄亥俄州注册会计师协会认识到提供专业知识作为一项固定的会员服务的价值，而不是一个只有在员工有能力时才会支持的项目。其次，基于以往服务清单的早期经验，社团知道会员想要的是什么。普赖斯建议，"确保社团的结构是有意义的。重点关注的关键问题是会员正在哪里寻找信息。做一些关于会员需求的调研，无论是正式的还是非正式的。"普赖斯建议其他社团的管理人员不断提出问题："我工作中的一个主要内容就是找出热点和问题，并问'这是什么？'或者是'这对我们来说是一个机会还是威胁？以及我们如何应对？'"最后，当他的员工构思可能的新服务时，普赖斯指出，他们认识到需要提供信息的背景。我们需要充分利用这些信息，以此帮助我们的会员理解并处理问题。这是一个非常有价值的起点。

为了更好地服务于你的会员，你应该使用、加工什么样的信息，并提供这些信息的背景？通过提问和回答上述问题，这将是为社团创造一个具有高度价值的会员服务的新开端。

# 第五章　合理确定会员市场

## 今日会员市场的真实情况

50年来，对大多数社团而言，行业整合和专业化分工的趋势已经带来了前所未有的窘境：我们如何服务于日益多元化的会员市场？我们如何服务于较原有设计已有显著变化的会员市场？

过去，典型的社团做法是把重点放在会员的共同利益和需求上。而今，却是缺乏共同的利益和需求。事实上，有时一个会员的利益与另一个会员的利益是直接相悖的。社团应该做些什么呢？

归根结底，只有三种选择：①继续纠结于各种不同的利益和需求；②调整组织和结构以满足多元需求；③只专注于一个明确的需求。

第一种选择是完全站不住脚的。就社团的治理和管理而言，承认所处窘境及其结果却什么都不做，这意味重大失责。这就像一家报社看到新的数字化传播方式，却无动于衷。"我们忽略这些，继续做我们一直在做的事情。"

第二种选择在大多数情况下效果也极其有限。问任何一家设有专业分会、特殊兴趣小组、地区分会的社团："情况如何？"答案都是："不一定。有的很好，有的还行，有的非常差。"有多个原因。首先，运作特殊兴趣小组通常不在社团优先考虑之列，提供核心服务才是。其次，特殊兴趣小组没有足够的工作人员，这意味着他们在很大程度上依赖志愿者。最后，心有余而时间不足的志愿者往往只能零星产出低质量的成果。

显然，最后一个选项，聚焦于一个明确的需求，是我们推荐的激进路线。

尽管成果有限，特殊兴趣小组、专业分会和地区分会在社团内部已经迅速发展。例如，在认识到会员多样性之后，全国演讲者协会（National Speakers Association）引入了"职业专家组"，旨在让社团中志同道合的人形成更小的分组。有幽默大师组、政党方针的演说人组、研讨小组领袖组、促进者组和企业教练组。这些特殊兴趣小组致力于满足日益复杂和多元会员市场中的不同需求。

但是专业分会和特殊兴趣小组都有一个共同点：它们坚守传统会员市场定位。没有人会说："你知道吗？我们不能同时服务于所有不同的需求。让我们重新思考我们能够提供服务到位的会员市场范围，忽略那些我们只能提供边缘价值的会员范围。"没有人会说："市场及其参与者已经大不相同，以至于我们正在试图服务于一个不再存在的会员市场。"

同质市场的时代已经一去不复返了，其规模也永不复当年。因此，"大而全"的行业性社团或专业性社团将不再有能力为多元而复杂的会员市场增加价值。只聚焦于一个特定范围会员的需求是否意味着缩小社团规模？有可能。如果是这样的话，问问你自己："我们的会员是想要加入一个大型社团还是想加入一个能帮助他们提高工作绩效、获得成功的社团？"我们认为会员们在选择时，不会纠结于社团的规模还是社团提供的价值。

行业整合和全球化已经导致许多行业性社团几乎无法继续服务于它们的行业会员。一个典型的行业协会已经不能再为汽车的所有经销商、制造商、承包商都提供服务。高度整合的行业中公司呈现双峰分布，二者共同点极少，以至于行业协会无法再为它们提供任何有意义和有经济价值的服务。在高度整合的行业中，少数大型企业占有绝大部分行业销售额，另有很多小型企业则通常以专业化见长或成为利基企业 ① 。这两类企业几乎没有共同点。大型企业不需要行业协会惯常提供的服务，小型企业则恰恰需要大型公司不需要的服务，包括某个协会能提供的团购能力。

需求不同常常导致冲突。2009 年，太平洋煤气电力公司、新墨西哥公共服务公司、美国爱克斯龙电力公司退出美国商会（U.S. Chamber of Commerce），耐克公司，由于其在气候变化上的立场，辞去美国商会理事会席位。承包商联合会（Associated General Contractors）及其附属分会想要增加会员，却举步维艰，因为建筑行业的公司都纷纷转型，建构新的组织结构和商业模式，许多会员不再称呼自己为"承建商"。它们如今变身为"建筑管理者"，结构和运作与之前的承建商有极大的不同。美国森林与纸业协会（American Forest and Paper Association, AFPA）的会员市场发生了彻底改变，导致行业领域内的利益相互冲突。美国森林与纸业协会的会员过去包揽林地产权、纸与木材制品的生产加工。如今，二者分开，林地的业主想以高价出售原材料，而纸和木材制品生产者则期望购得低价原材料。美国森林与纸业协会做出了策略回应——聚焦木材和纸制品生产市场。如前所述，专业化（通常与行业整合一起）对专业性社团有着类似的影响。"大而全"的专业协会不能再为所有医生、所有注册会计师、所有工程师提供服务。各行各业的多种多样的丰富实践导致不同地区的会员的共同点越来越少。

美国医学协会（The American Medical Association, AMA）以及其州分会和地方分会，已经无法服务于在实践和利益上日益多样化的医生会员。手外科医生与家庭医生所需要的信息是不同的。在医院工作的医生与乡村个体医生所需要的宣传也是不同的，整形外科医生与儿科医生几乎没有相似点。同样，美国律师协会（American Bar Association, ABA）

---

① 利基企业（niche players），niche 本文译为利基，利基市场指小众市场，指向那些被市场中的统治者/有绝对优势的企业忽略的某些细分市场或者小众市场，企业选定一个很小的产品或服务领域，集中力量进入并成为领先者，逐渐形成持久的竞争优势——译者注。

的会员数量在下降，然而美国律师人数却以每年 1%~2% 的速度增长。美国注册会计师协会（American Institute of CPAs）面临着这样的态势，注册会计师数量增长导致 50% 的注册会计师不在公共税务和审计的传统领域工作。

## 专业协会的出现

"大而全"的社团逐渐减少，聚焦"小而专"的会员市场所带来的优势加快了专业性行会和学术社团的发展。尽管我们可能没有注意到，但市场出现会员定位更细的社团确实给我们传达了一些信息。

1930—1950 年美国制造业催生了大量的行业协会，正是由于企业青睐那些聚焦制造业中特定领域的行业协会。律师们也加入重点关注特殊实践领域的社团：诉讼法、刑事辩护、婚姻家庭法、检察官等领域。

医学领域最能展现专精社团的潜力。就在美国医学协会会员数量和市场占有率骤然下降的时候，学科性社团和分支学科医学社团的数量却在增长。美国医学专业委员会认证超过 145 个学科和分支学科。每个学科性社团预计平均有 5300 名会员［据丽贝卡·兰特（Rebecca Brandt），CAE，美国医疗社团秘书长协会常务理事］，超过 768500 名的医生可能是这些社团的会员（不包括各社团交叉会员）。比较一下美国医学协会，根据《今日医药》（2006 年 6 月 12 日）的估算，其会员"2005 年仅有 135300 名是真正的从业医生"。

回顾过去 50 年社团的发展，几乎所有社团关注的范围都比之前更加狭窄，意味着那些明确界定会员市场的社团才是受欢迎的并能取得成功。更加明确的市场定位使其使命更一目了然，更聚焦的项目和服务使其价值主张更能打动人心，更集中的资源使其组织更卓有成效，更有针对性的信息使其沟通更加畅通无阻，更专精的市场使其竞争力所向披靡。

# 贡献因素

在合并和专业化的推动下，不仅市场发生着结构性的变化，而且也推动着社团的改革与发展。这里还要再提一下在第一章中已阐述的其他两个趋势。日益激烈的竞争和更高的会员期待协同会员市场的改变形成了新的环境，与致力服务复杂多样的会员市场的"大而全"的社团相比，是截然不同的环境。

事实上，服务于一个广阔的会员市场是一种竞争劣势。几乎可以确定，在一个广阔的市场里有各种各样的参与者和支持者，他们有不同的需求和更高的期待。提及那些为了"更大利益"支持社团的会员，数量屈指可数。这意味着服务、宣传和活动要回应多方面的利益，也意味着要管理多个项目，组织结构更为复杂，资源要分配给多项提案。服务于一个简单的市场还是一个复杂的市场，服务于哪个市场，社团能更有效率？

"大而全"的社团在多个区域扩散自己的资源，而它的许多竞争对手聚焦在一个特定市场或是只为更广阔的市场提供单一的产品或服务。对"大而全"的社团来说，最糟糕的情况就是竞争对于只为专业化市场提供单一产品，传统社团几乎无力提供任何足以与之抗衡的产品或服务。举个例子，典型的建筑类行业协会有政府关系业务、教育业务、安全业务、保险业务、会议业务、行业信息业务以及项目规划业务。项目规划业务，过去是通过协会秘书处存储设计图的规划办公室设计并提供，如今则是数字化操作并通过互联网进行传递。iSqFt是一家创业型公司，它能迅速回应在线施工文件的需求，宣传自己是"施工前期的领军人"。他们专注新机会，超越了数以百计的建筑类行业协会。这些社团除了项目规划还要忙于管理多个其他业务领域。

审查会员会费和会费带来的价值，是另一个贡献因素。随着会员越来越多地质疑他们投资所得的回报，他们也很可能质疑为什么还要支付会费，因为他们根本不需要、不接受也不在乎社团提供的大部分服务。会员不接受的项目或是服务没有任何价值。现在，会员质疑他们为什么要为支持其他领域的方案和服务买单，特别是一些边缘领域或是竞争领域。

# 会员市场的理念

传统理念认为会员市场有两大驱动因素：习惯和对扩张的偏好。

首先，社团的领导者和管理者习惯以传统思维进行思考。他们倾向于维持会员市场的现状。"我们服务于注册会计师。""汽车经销商是我们的会员。""我们为医生服务。""制造商是我们的会员。"诸如此类。他们对变化置若罔闻，还照常行动，然而事实上，他们的会员市场已经有了颠覆性变化，不可逆转且还在持续改变。

其次，大多数社团都会致力于扩张。"越大越好""越多越好"似乎能描述这种共同偏见。它推动社团努力延展会员规模。争取更多会员的理由有很多：额外的收入、更大的影响力、更高的威望、规模经济优势。谁又能反对不断增加会员呢？反对就是违反了美国精神。为什么会不想增加会员呢？

这里引出了一个问题：更细分的会员市场定位是否意味着规模变小、资源减少？也许。不过，即便如此，社团的资源会更加集中，归属价值明显增强，会员保留续会率提高，在目标市场中的份额也会提高。更重要的问题是：社团的目标是要变得更大还是要服务会员？会员定位更窄的社团能有效吸引行业或是供应商的支持，因为他们同样瞄准了细分市场或是高度专业化市场，他们发现专注于目标市场让它们的营销资金得到最优化的利用。

最后，还有一个支持会员增长的因素：附属会员或准会员[1]。相比小社团，针对会员产品或服务的供应商可能对会员基数更大的社团更感兴趣，他们希望获得更多潜在消费者或客户。他们想要更多人读到他们出版物和网站上的广告，直接看到他们的产品目录，出席他们的会议和展览。而社团则想要获得附属会员、准会员带来的会费收入、广告收入、赞助收入以及展览收入。

以我们的经验来看，只有极少数评估（如果确实有的话）针对现有服务

---

[1] 原文为 affiliate or associate member，是指没有选举权和被选举权的会员，享有部分会员福利，后文中提到的为会员提供产品和服务的供应商就是附属会员，国内亦有称赞助会员，往往这种产品或服务是有折扣的——译者注。

方式是否还适用于已经发生变化的市场。鉴于市场组合方式和参与者已有重大变化，一个社团真的还能服务于所有的汽车经销商、所有的注册会计师、所有的制造商、所有的医生吗？坦率地说，还在市场更同质化并拥有更多共同点的时候，社团就真的给整个市场提供了很好的服务吗？仔细观察会发现社团为大多数人服务时做得很好，但是总是存在细分的领域或是区域由于多样化、差异化的需求和利益而无法得到周全服务。

实际上，我们很少，仅仅一两次，严肃讨论过为与社团价值主张关联甚少的会员领域提供服务所产生的机会成本。如果把这些时间和精力都花在最具有价值的领域上，那会怎么样？当我们为与核心项目和业务关联甚少的公司或职业人士四处寻觅价值的时候，有哪些是我们没有为与我们联系最紧密的会员做的呢？不计其数的金钱、员工人力以及志愿服务都分配给了边缘会员，收效甚微。这些宝贵的经济资源和人力资源原本可以更好地服务于更加严格定义的会员市场。

志愿者领袖、工作人员极少挑战或是质疑谁是我们现在的会员和谁应该是我们的会员。相反，他们会说："这就是我们一贯服务的会员市场。"

如果考虑到会员规模，理事会或是管理层更可能会考虑扩大而非缩减社团的边界。但是你知道吗？这种努力大多惨遭失败。在我们的咨询工作中，我们曾调到许多社团下决心从相邻区域或是关联市场招募会员，以增加会员数量。这些招募活动大多以失败告终。这说明什么？说明该社团很可能已经过度扩张，向其外围会员提供的价值已经很少。现在，当试图跨越他们只能提供很少价值的边界时，他们就会发现潜在的会员几乎看不到加入社团的价值。这极有可能因为这个社团市场已经成熟，通常情况下，这里必然存在另一个服务该领域的社团。

## 会员市场的未来

会员市场已经发生了很大的变化，它再也不会回到从前。会员的期望值已经提高并且在未来也不可能有所下降。会员就像消费者一样，一旦享受了效果更好的创新之后，就不会接受劣质品。实际上，这些改进带来对更多改进的需求，会员的胃口越来越大。我们会想回头使用固定电话吗？传真？美国邮政服务？螺旋桨驱动飞机？市场竞争已经白热化，有增无减。突破传统模式的竞赛已经开始，是时候重新思考会员市场了。

你的社团能有效服务的区间有多大？合适的会员市场规模是多大？在哪里划定目标会员市场的界限才能集中资源获取最大绩效？什么样的会员区间属于边缘地带，应该果断放弃呢？

这是对你思维方式的挑战，挑战存续多年的传统智慧，挑战一种思维模式。改变未来的市场定位对在接下来的几年里保持社团活力至关重要。很有可能，今天你做的决定越艰难，明天社团获得的回报就越大。

# 不是"核心"会员

倡导更精准的社团定位和限制会员市场的同时，我们有目地避免称它为"核心市场"。某些社团区分"核心"会员与"非核心"/"次等"会员来应对日益多样化的会员市场的挑战。这是试图了解和回应服务于不同地区会员的困难，试图为区分谁是最有优先权的会员、谁是最重要的会员提供指导意见。

"核心"会员的概念值得称赞，但仍有缺陷。谁想要成为非核心会员呢？谁想要成为二等公民呢？任谁都不想向社团交会费，却被社团告知："我们首要关注的是核心会员，如果时间允许的话，我们才能服务于外围的会员。"

更重要的缺陷是它只是在做修补工作，是一个妥协的方案，没有涉及问题的本质。我们需要从思想上做出根本改变，而不是一个权宜之计。社团需要严格界定会员市场，在这个会员市场中，它能提供独一无二的附加值并且远离那些不适合的会员。如果社团不这么做，就将继续被分散注意力，稀缺资源也将会被加速分散。

我们要避免界定一个核心会员市场，因为这意味着除此之外，还要服务于其他会员。相反，我们鼓励社团精准界定会员市场：一个有很多共同需求和利益的会员市场，特意被设计为狭小且有限的会员市场。蓬勃发展的社团将坚定不移地专注于这个会员市场。

## 没有天堂

不存在毫无缺陷的会员市场。即使有一个精准定位的会员市场，社团仍然面临着会员差异性，这些差异性必须得到解决。美国国家住房机构委员会（The National Council of State Housing Agencies）仅拥有 54 个团体会员。你也许会认为这是个完美的同质社团。其实不然。该机构会员有着显著的差异：大州与小州的差别；单家庭住宅与多户型住宅的差别；国家政府机构与独立机构的差别；农村地区人群与都市人群的差别等。

成功的关键在于将精力和资源投入到精准定位的会员需求和问题上，而不是试图为所有人提供所有服务以期最大限度地增加会员，获得会费收入。在许多情况下，这需要重新审视市场以及决定社团能为谁提供最好的服务。

## 入门指南

虽然困难重重，精准定位、细分会员市场往往使得未来的决策更容易。这里提出 11 个问题，有助于促进分析与反思，帮助你以批判性的视角看待会员市场，挑战常规观念，并让领导和员工走出他们的安乐窝。可以用这 11 个问题为议题开展一场关于如何发展会员市场的讨论。最好用数据统计、发展趋势、历史数据以及其他事实信息对其进行补充，帮助参与者做出客观而不是主观的评价和讨论。

**关于市场的问题：**

1. 哪些重大行业／专业的变化或趋势导致了会员状况（规模、范围、运作模式等）的变化？

2. 目前，在我们的会员市场中有多少具有差异性的会员类型或是地区？

3. 比较 1960 年与 2010 年的会员市场细分状态能得出什么信息？

4. 你对未来几年会员资质或特征有什么样的假设？

**关于会员资格的问题：**

5. 哪些类型的会员不再续会的比率高？为什么？

6. 哪些领域的潜在会员难以招募？在你的招募活动中谁属于"强行推销"对象？为什么？

7. 在会员调查中，什么样的会员满意度低？为什么？

8. 哪类会员是其他行业性社团或是专业性社团的会员？为什么？

9. 哪一类会员在社团工作会议和会员大会中的参与率低？哪类会员对收费服务产品利用率较低？为什么？

10. 如果你设有特殊兴趣小组、专业分会、地区分会，哪些是最成功的？哪些难以为继？哪些吸引会员和参与者？哪些不具有吸引力呢？为什么？

11. 思考今天你所了解的内容，过去哪些社团为了扩大会员市场没有产生预期的结果？如果你能回到从前，重新决策，你将会怎么做？为什么？

如果你无法回答上述问题，那么接下来你要多做一些功课。你是在错多对少的直觉和假设所充斥的安乐窝里管理着社团。一旦真实的情况呈现出来，你可能就会面对残酷的现实。

# 引领变革

回答上述问题会让社团对现实有一个初步的了解，也能知晓领导和员工对该过程的态度。有些可能支持改变，也有可能很多人抗拒改变。无论他们反应如何，你都会了解到重要利益相关方的立场，以便制定合适的应对方案。例如，如果看来大家就上述分析需要更多行动回应能达成初步协议，你就可以有信心继续下去。如果存在强大的阻力，你就知道还需要加大说服力度。如果有不同反应，你就会知道谁支持变革，谁不想改变现状。当你继续向前推进的时候，这些信息至关重要。

虽然不同社团面临的情况各不相同，但是下文推荐的步骤可以作为会员市场合理化的指南。

**回顾 11 个问题的答案**。哪些回答是有真凭实据的？哪些依赖于猜测或是假设？确定哪些信息需要填补空白，利用调研或是其他技术得到你所需要的信息，从而做出正确的决策。

**收集有效数据为你所用**。缺乏事实依据的建议很容易被找出漏洞，相反，确凿的数据难以被反驳。

完成一个能对现有会员市场深思熟虑的分析矩阵。下文提供的是一个示例，但是你可以根据所在社团的特殊情境做出修改。它只是分析指导，而不是一刀切的工具。

设计矩阵分析框的目的是协助社团对其会员市场进行关键性评估。数值评估的目的是降低偏见和情感的影响。"强制选择"的做法消除了理事会成员给所有选项都打高分的倾向。

以下是矩阵使用方法：

在垂直列中列出会员细分领域。然后，在横向行中列出分析内容。下文是推荐使用的操作指南，所需信息大多已在 11 个问题的答案之中（或在所填写的重要数据项中）

* 满意度或价值评定；
* 规模（细分领域会员的数量）；
* 占会员总数百分比；
* 会员发展趋势；
* 市场份额；
* 在其他社团的会员资格；

| 会员细分领域或区间 | 会员数量 | 会员百分比 | 会员发展趋势 | 市场份额 | 满意度或价值评定（调查结果） | 会员续会率 | 使用/参与排名前三的项目 | 其他社团的会员资格 | 总关联度排名 |
|---|---|---|---|---|---|---|---|---|---|
| | | | | | | | | | |
| | | | | | | | | | |
| | | | | | | | | | |
| | | | | | | | | | |
| | | | | | | | | | |
| | | | | | | | | | |
| | | | | | | | | | |
| | | | | | | | | | |
| | | | | | | | | | |

- 排名前三项目 / 服务的参与程度或使用率；

- 续会率；

- 总体"关联排名"。

将所有会员细分领域或区间的数量求和。总数除以 5 则是你的"评定指标"。例如，如果你列出了 10 个会员细分领域或区间，除以 5，得到的 2 即为你的评定指标。该指标限制了高分选区数，并迫使你给一些细分领域低分。

每一列的标题下，你应该为每一个项目或是服务从 1~5 打分。5 表示最高或是最有利的评价，1 则表示最低评价。但是，你必须根据评定指标限定等级。在上面的举例中，10 个细分领域或区间之中，你只能给其中两个 5 分，其中两个 4 分，以此类推（当然，有两个细分领域只能得到 1 分）。我们建议你首先打好两个 5 分，然后打好两个 1 分。再返回填写两个 4 分，两个 2 分和两个 3 分。

用 excel 表格将评分横向求和并从高到低排序。所得到的总分即为细分领域或是区间的"关联度排名"（请至 www.raceforrelevance.com 免费下载该表格）。

**允分说明最佳会员市场和你的理由**。关联度排名将为你的提议提供有价值的支持。提议应包括：

- 为社团发展精准定位的会员市场、最有机会产生价值获取投资回报的部分；

- 估算所界定市场中现有潜在会员数量、预测 5~10 年目标市场的潜在会员数量；

- 新会员市场的招募结果和续会率预测；

- 应该放弃的细分领域；

- 展示放弃部分细分领域后释放的资源，显示将如何重新分配那些资源并聚焦于未来会员市场。

**就未来会员市场和必要行动征得理事会同意**。记住，你有一个以能力为本位的五名理事组成的理事会。

**使决策制度化**。最佳途径可能是改变社团章程中的会员资格标准。你要确保你的决策保持不变，会员市场随着时间慢慢扩展的情况不复出现。

**监测反应、评估成果，必要时修改方案**。矩阵分析在这些过程中不断地发挥作用。

我们不建议从一个市场跳到另一个市场，或是年复一年地改变社团的市场以图找到合适的那一个。我们建议你定义细分会员市场，评估该市场的需求，并满足这些需求。这样更有效，还让你更容易识别会员最感兴趣的项目、服务以及活动，第六章将涉及此话题。

第五章案例研究 1　根本性变革：使会员市场合理化

社　　　　团：得克萨斯州出庭律师协会（TTLA）

预　　　算：600 万美元

工作人员数量：26 人

会 员 数 量：2200 人

**案例研究：**

"我们曾经想要装满水桶但是桶的底部有个打开的阀门。"得克萨斯州出庭律师协会会员与资金发展高级总监蒂法尼·麦吉说。尽管社团每年都招收 450 名新会员，续会率达到 80%，即整体会员资源稳定，但是 2002 年的本州大选改变了一切。

麦吉回忆起："当时，共和党人赢得了得克萨斯州的所有席位。我们输掉了侵权法改革的大部分战场。忽然之间，我们会员的生计受到了威胁。"社团为随之而来的立法之争和宪法修正案公投问题筹集了大量的资金。虽然所有的会员都受惠于社团组织，但资深会员（缴纳最高会费）承担着大部分经济负担。麦吉认为情况已经非常明了了："我们要把责任分担到更多会员身上，而不仅仅是资深会员。"

选举进行前，得克萨斯州出庭律师协会的观念是保持较低的会费、给予大量的服务、为出庭律师提供一切。但是秘书长、会员主管和前任主席们之间的对话已经悄悄进行。如果得克萨斯州出庭律师协会为了收取更多会费而提供更加专业化的服务，会怎么样呢？即使这是以会员数量降低为代价。这是一个大胆的讨论——一面是合理定位会员市场的迫切需求，一面是让得克萨斯律师心烦意乱的选举之后的局促紧张。

即使一般的会员续会率在 80% 左右，但是资深会员的保留率高达 98%。麦吉指出："这给我们的启示是显而易见的，给钱最多的人更忠诚、更投入。"当社团想要创建一个更强大的组织时，社团的管理者开始怀疑为所有出庭律师提供所有服务对社团变强究竟有害还是有利。他们决定去找出答案。

得克萨斯州出庭律师协会提议大幅提升会费、改变会员层次，并且举办了一场关于推进该提案的讨论。"我们确保所有细分领域的会员都参与到讨论中，"麦吉谈到，"我们有一个非常好的分层样本分析，因此当我们做出改变时能使用这些数据。"

虽然社团预测会员数量会减少30%~35%，但是由于会员结构调整，社团总收入预计会提高。这个大胆举动得到了回报。麦吉说："我们找到了关键所在。失去了35%的会员，因此第一年会员的续会率为65%。接下来的一年里，会员续会率为78%。从那时起，我们会员的续会率就在88%左右。变革期里，社团的收入几乎翻倍，因为我们的大多数会员都进入了最高会费类别。"

改变社团的理念并不是一件容易的事。保持与会员的相关性被认为是很有必要的。麦吉提出以下建议："不仅要倾听会员和利益相关者的诉求，而且要关注数据。真诚面对社团的需求。尊崇组织价值，永不退缩。"

你的组织对于会员有什么价值？如果你自己都不能给出清晰的说明，那么你的会员也不太可能了解。如果你能清晰地表达出来，你是否充分实现了这一价值呢？

| 第五章案例研究 2 | 根本性变革：为会员提供咨询服务 |

**社　　　　　团：**美国国家印刷领导协会（NAPL）

**预　　　　　算：**650 万美元

**工作人员数量：**30 人

**会　员　数　量：**2800 人

**案例研究：**

兼并、收购、合并、公司倒闭都让我们重新思考美国国家印刷领导协会的定位。市场参与者变少使得前程暗淡，该协会决定减少对整个市场份额的关注，转而将注意力集中于"会员份额"。社团的观念发生了改变，从一个典型的具有项目/服务结构的社团变为咨询机构。这种观念转变促成了美国国家印刷领导协会从一个前途堪忧的组织转变为全新的社团。协会作为咨询机构运作，聘请行业专家与会员结成合作伙伴。随着会员工作量的增加，会费也在提高，协会因而获得较高的收入。更重要的是，即使是在一个具有挑战性的市场中，会员也从咨询服务中得到巨大的回馈。

过去几年内，印刷业已经发生了巨大的变化，从协会更换了三次名字就能看得出来。该协会创建于 1933 年，名称是美国国家平版照相印刷协会（The National Association of Photo Lithographers）。1979 年，改为美国国家印刷机与平版印刷协会（The National Association of Printers and Lithographers）。二十年后，协会的焦点再次发生改变，专注于培养会员中行业领军人才。因此，再一次变更至现在的名字——美国国家印刷领导协会。

市场变化以及新一代商业领袖对获得会费投资回报的更多关注，推动了协会名称和观念的改变。当协会的观念发生变化时，该协会除了传统的会员服务外，还增加了咨询服务。根据该协会总裁兼首席执行官乔·特卡勒的说法，我们并没有一开始就笃定这个做法会是成功的，但结果很快证明了新的方向是正确的。该协会第一年的咨询收入为 20 万美元，此后这个数字每年都在增长。2010年，该协会预计将得到240万美元的咨询收入。

该协会入门级会费为每年1200美元。无论会员接受多长时间的高质量服务，他们都要每月支付3000美元的咨询服务费用。美国国家平版照相印刷协会与会员客户合作确定他们的需求，包括从营销和财务方面的帮助到合并与收购。特卡勒曾说："当你想到这一点，就能接受这个价格了……以每年36000美元的价格能雇用谁来提供这种引领性和指导性的服务呢？"

虽然数字很重要，但重要的不仅仅是协会的收入。特卡勒认为，更重要的是他们与之合作的会员企业的数量。他说："不仅如此，我们所研究的企业数量及在这些企业内部发生的改进切实帮我们扭转了局面，让大家相信这一做法是正确的。"

最终，美国国家平版照相印刷协会对会员的咨询工作使全体会员受益，因为员工经验被开发为知识产品、工作表和所有会员可使用的其他工具。

特卡勒建议协会高管通过"聚焦其核心优势，并试图找出协会能与市场新兴需求相匹配的独特能力"来花费时间寻找其组织"甲冠天下"的美好未来。一旦完成，他建议"制定一个完善的计划并确定一个方向并坚持下去"，然后，"沟通，沟通，再沟通"。

虽然美国国家平版照相印刷协会的新方向对特卡勒来说非常明确，但他发现对那些被协会之外的事务而分心的领导们来说却并非总如此。他指出："当你认为你已传递了这么多理念时，你的领导人却正听得发烦，那就再说一遍吧。"这样做有助于让志愿者专注于核心优势，并有助于防止许多组织内部发生的"核心职能偏离"，削弱他们对会员的价值。

# 第六章  优化项目、服务和活动

## 数量等于价值吗？

典型的行业协会或专业协会也会尝试做许多事情。他们试图提供一个完整的清单，其中包括：项目、服务、产品、会议、活动和出版物。协会不遗余力地增加他们的产品，鲜有中断。这些做法会导致社团平均收益和服务项目费用的不断提高。

虽然产品和服务范围在不断拓展，"帕累托原则"（80%的结果源于20%的原因）可以继续解释任何一家社团提供服务的范围，这也被称为"二八法则"，原则上说，80%的会员价值是来自20%的会员福利。因此，如果一个社团要开展10个项目或活动，其中2个项目将占到总体效益的80%。那么继续开展其他8个项目的目的是什么呢？由于他们只带来20%的价值，为什么还要继续开展这8个项目呢？社团为何还要继续耗费时间和精力来开展回报如此低的项目呢？社团为何不把精力放在关键的两个项目上来实现绝大多数的会员价值呢？

社团的意图是好的：我们想为会员做更多的事情，我们要增加由会员归属感产生的价值，我们想给会员超出会费的、更多的回报。我们想从不花会费的项目中获得补偿，从而将会费控制在较低水平。

在几年前的一次战略规划会议上，关于社团应该提供服务的数量问题是存在争议的。理事会认为社团有义务提供大量的服务。"这是我们作为非营利组织的宗旨和使命，不是吗？"另一些人认为社团试图做得太多，结果是项目效益一般，且人力资源利用率低，同时这项服务的使用率也较低。最后一名理事会的成员问道："提供大量平庸的服务与提供少数高质量的服务哪一个更好？会员将从服务提供中获得什么？"我们不知道他是认真的还是开玩笑，但这无关紧要。他的理事会同行们未能达成一致。

这个争论并不新颖，它已经持续了很长时间。1990 年马克·莱文在其撰写的一篇题为《这是什么？》的文章中描述了这种争论。文章指出，他对行业协会和专业协会竞相增加新产品和折扣为会员创造"价值"的趋势表示遗憾。

实践中，一个协会提供的服务清单包括：保险杠贴纸、传真机折扣以及游乐园游乐设施的优惠。他评论道："我不明白，花费时间和金钱去设计一个充斥着无关紧要事项的长清单，并把它放在一个小册子中，对于实现行业协会或专业协会的目标有什么作用。"他继续说，"我们的工作是面对实际的、真实的、现实生活，他们做这些是为了满足会员的生活需求。一个娱乐设施优惠项目怎么能帮我们做那些真正要做的工作呢？"

虽然这些项目扩张的例子是极端的，但它们是对现状的思考。有一个存在缺陷的假设是：实现会员资格增值的途径是扩张项目、服务和会员福利。"大杂烩"越多意味着价值越高。简言之，这种想法就是数量等于价值。

一些高管越来越清楚地认识到了这一点。国际会议及大会协会的首席执行官马丁·瑟克说道："多年来，我认为协会永远只能是会员生活中的一小部分，所以我们竭尽全力尽可能使每一秒都变得宝贵、丰富、有意义。"（《今日社团》，2010 年 4 月）。该协会已经淘汰了边缘的项目，限量沟通，把资源集中到核心业务上。

## 开展项目和提供服务的意识

关于会员市场的传统理念认为，项目、服务和活动的范围受到几个因素的影响。有两个因素与会员市场的理念紧密相关：习惯和增长偏好。你需要意识到这里还有很多影响因素，这种观念呈现上升态势，同时也较为复杂。

　　首先现有的项目和服务通常不经质疑就一直延续。项目一旦推出，就被视为终身合同从此一成不变，这就像被聘为大学终身教授一样。人们习惯于遵循惯例，这种惯例神圣不可侵犯，项目一直持续开展下去。他们把年度预算纳入考虑范畴，除非天灾人祸，他们会让项目年复一年不断地重复下去。只有在出现严重资金紧张的时候，才会考虑停止项目（详见后文）。

　　有了这样的会员市场理念，增长偏好也就会大行其道。一个员工和志愿者都认同的、有瑕疵的协会范式成为扩张服务的驱动力，人们认为这就是协会应该做的。我们应该寻找为会员提供服务和创造价值的新方式。我们应该发掘新的服务内容，正如莱文说的那样。

　　现行范式是越多越好。理事会、委员会和工作人员都认同这个观点。

　　理事会似乎就是为了增加项目和服务而建立的，这一定是理事会的构成基因。大多数理事会从不会把机会给予他们不喜欢的新项目或服务，对推动项目和服务扩张贡献最大的人之一是选举产生的负责人，他们有一个系列议程或青睐的项目。他们在任期内对专业或行业的贡献就是提出很多关于新的活动、新的福利、新的倡议的想法，这些出于善意但通常半生半熟的想法让协会呈现乱七八糟的景象。我们甚至知道协会在每次年度预算中都会有"一揽子"计划来满足协会选举产生的负责人的个人偏好及相应的项目经费需求。一旦项目实施，即使出现问题也没有人会站出来叫停该项目。

　　委员会同样有着增加项目和服务的倾向。实践中，根本不存在不想推荐新服务或活动的委员会。正如结婚是人们在一起生活的合法理由那样，分析委员会主任获得了协会奖的理由，你通常会发现是因为他提供了一项被大家认可的新服务。同时很多委员会主任都由有政治头脑、精明强悍的人担任，他们清楚地知道怎么做才能使自己的提议得到理事会和员工的认可。项目一旦通过，现任委员会主任拥有这个项目的决定权，这将成为项目中断或淘汰的巨大阻力。他们会用同样精明的手段来保证他们青睐的项目或服务继续开展。

　　对于工作人员而言，添加新项目和效益意味着一个重大的成就。会有工作人员不想成为一个新项目的策划者吗？当与委员会或任务小组合作时，员工阻止志愿者担任的领导人增加新项目和扩展新福利的话能为自己带来什么好处呢？而且在他们工作期间，没有员工不强调策划新项目和服务对提升自己简历的重要性。

项目和服务的增加往往可以满足会员多样化的需求，协会通过增加供给满足不同会员的利益。但试问，什么服务是瞄准哪项细分需求的？服务与需求之间的对应关系如何？这一问题要么是得不到回应，要么在更多的情况下，就算得到了回应，那些回应也往往是模糊不清并缺乏数据支持的。那些服务的增加，常常是基于一些假设和猜想做出的，有些连最基本的审查都通不过。

## 细分产品和服务线的作用

为了保持社团的重要性和生命力，社团领导者和管理者必须转变对社团项目和活动范围的看法。他们必须意识到聚焦服务项目的重要性，他们需要懂得集中资源用于最重要的会员福利项目是可以获得回报的，而继续提供宽泛的服务会分散资源并抑制社团在某一领域优势的发挥，同时社团未来日益激烈的竞争会逐渐集中于某一产品或服务。他们应该读读歌德的名言："我们绝对不该任由无关紧要的事情，支配了最要紧的事情。"

几个世纪以来，集中资源在成功策略中的作用已经得到重申和强调。在公元前200年，孙子写道："并气积力。"

查尔菲利普·戈特利布·克劳塞维茨在1816—1830年写的一本关于战争的书，对现代军事具有开创性意义。在书中他写道："没有比集中军力更高明易行的兵法了。"而且，"我们必须把尽可能多的部队集中在交战中的决定性时刻。""这听起来令人难以置信，但它已经发生了超过上百次，仅仅根据对一些以前惯例做法的一知半解，并没有理解为什么要那么做，部队就分散开了。"

彼得·德鲁克在他1973年的《任务、责任与实践》一书中写道："无论我们从哪里发现的一个杰出的企业，我们都将发现，这个企业会对各种高度聚焦的备选方案进行深思熟虑，然后最终作出一项聚焦的决策。"同时，"最糟糕的事情是对每一件事都只做一点点，这决定了每件事都不能完成。做错比什么都不做要好得多。"

1980 年，迈克尔·波特在其竞争战略中写道："有关增长的执着欲望对战略有最消极的影响……追求增长带来的压力和目标市场明显的饱和导致管理者通过延伸生产线、增加产品新的功能、模仿竞争对手的时髦服务来扩展其市场位置……"他还观察到"通过产品种类的增加，扩展新顾客群体（可以类比会员）的努力，以及模仿竞争对手的做法，会让企业（可以类比社团）失去竞争地位。"

在 20 世纪 90 年代，奥伦哈·拉里写道："一个提供宽泛而平庸的产品和服务清单的组织不是一个有价值的模式。一个组织试图给所有人提供所有服务的时候，创新和服务的焦点就日渐模糊，组织的个性就会丧失，决策的优先次序就会混乱，效率会一落千丈。"

在吉姆·柯林斯 2001 年最畅销书《从优秀到卓越》中，他提出了"刺猬观念"，认为卓越的组织专注于他们的实践，避免分心和多样化。

尽管如此，许多社团仍会忽视专注的战略价值，没人能领会以上这些信息。

## 社团项目和服务思考的空白

目前，关于社团项目和服务思考的主要空白是：资源。可以说，很少有社团领导者和管理者对每一个具体项目和服务所必需的资源进行通盘考虑。

没有什么能比这种简单陈述背后的思想匮乏更能反映这一问题了。"这项会员新福利不需要太多支持"这种说法使成千上万个边缘的、无价值的项目或会员福利获得批准。这种观点是需要根除的痼疾。理事会和委员会成员要放弃某一项目，没有人会提出反对。如果员工对所需资源进行质疑，他们将好像进入防御状态或者试图避免讨论这一话题。因此，员工保持着沉默，同时很清楚地知道决策者对实施新项目所需投入缺乏认识，实际上具体涉及哪些资源没有概念。

针对设计、维持、递送、支持、营销社团的项目和服务的考虑太少。似乎是进行了对计划提供新服务所需资源的分析，但这些分析很少能发挥指导作用，而且它们通常都是有限的、不完整的。许多项目甚至连一个粗略的评估都没有。项目一旦确立，支持现有项目和活动所需要的资源审查一般只在预算环节中进行，并且这种审查只考虑经济资源。

当然，经济资源是必要的，也是重要的。但一个真正的资源评估远比社团项目和服务的设计、维持、递送、支持、营销成本评估工作要复杂得多。任何社团开展项目和活动的资源都包含四个层次：直接成本、人力资源成本、管理费用和无形成本。

一开始，大多数社团在评估项目和服务的盈余或"利润"时只去计算其投入的直接成本。这种方法的缺陷是显而易见的。安德鲁·朗在其"了解成本的价值"（《今日社团》，2010年2月刊）一文中提到："作为社团财务领域的初学者，许多社团令我感到难以理解，这些社团都不知道他们提供服务的真实成本。如果你去询问社团的高管，问问他们是否知道每一个具体产品和服务的成本，大多数人都会说知道。然而，在进一步的调查中，他们绝大多数都指的是直接成本，而且仅仅是从口袋里掏出的直接成本。社团不了解所提供服务的全部成本的情况太过普遍了，很多社团往往在亏本运作。"

很显然，想真正了解一个项目或服务的盈余或"利润率"，必须核算社团项目、服务、活动的设计、维持、递送、支持、营销等全部成本。但是很多社团都选择性地略过这一步。

人力资源是社团最宝贵的资产之一。这包括该社团的志愿者、领取薪酬的员工以及独立于社团的承包方或顾问。理事会和首席执行官知道其员工的一般职责是什么，但他们通常不知道员工如何分配完成项目和活动的时间和精力。当理事会试图调查员工分配给不同项目和服务的时间时，最大的反应通常是对工作所需的时间表示惊讶。理事会常会低估员工完成工作所需的时间和工作量。员工不愿意将其说出来的原因是，担心他们反映工作时间问题会被视为博取同情，或是显得低效，或是在夸大完成工作的时间，但是主要原因正是理事会倾向于忽略这些必要的时间和精力。一个社团的员工和紧缺的志愿者资源极其珍贵而社团很难掌控这些资源。如果你不知道如何分配这些资源，你就无法优化这些资源。

日常管理费用是社团项目和服务的设计、维护、递送、支持和营销成本中的一部分。员工需要办公场地、设备、工具和物资供应，库存需要仓库。尽管这些成本计算起来有时比较困难，但却不能被忽视。

无形资源最难以确定，量化起来更具挑战性。员工的工资和福利是一方面，但他们的能量、热情，以及创造性呢？我们可以核算志愿者的时间，但他们给社团带来的智力资源怎么评估呢？有公信力的理事会理事或委员会委员给社团带来的又是什么呢？由志愿者与员工的合作所带来的协同效应的价值又该如何衡量呢？简单地说，这些都是比直接成本和间接成本更为宝贵的资源。为什么社团不在这方面多花些精力，去了解这些因素是如何影响工作绩效的呢？

对社团项目和服务进行战略思考，要求有技巧地、创造性地、有原则地利用社团的资源。如果没有花时间对提供服务所需资源的全面理解和计算，战略思考是不可能实现的。这是重要的第一步，接下来将重新调配资源，从而把资源集中于那些具有最大价值的项目和服务，把资源集中于能增强社团提供上述价值的能力的那些活动。

# 机会成本

大多数协会倾向于在其主要的项目或服务上增加人员和经费，但在高优先级、高价值的项目、服务或社团体制上却永远没有足够的资源。

如果组织更多的员工投入到识别、招募和动员会员工作中，那么因为有了坚实的基层影响力，政府倡导能力也会得到增强。在资源使用方面投入更多的资金，信息系统和数据库就能得到更好地利用。增加相关的员工，教育项目和宣传项目就能升级。如果能提高会议预算的话，会议和研讨会的出席率会明显增加。如果增加专业开发人员，那么基金会的筹款绩效可能会翻番。

在大多数情况下，资源是可以获得的，并不需要额外的会费或收入。人员配置和经费一直在那里，只是被分配到其他的项目、服务或活动中去了。这就是贪多求大的机会成本，这就是业务分散的机会成本，这就是丧失在关键结果领域集中资源原则的机会成本。

分析社团的资源配置，就需要提出战略性问题，需要考虑以下几点：

- 我们是否把资源聚焦于能增加社团价值的机遇中？
- 我们是基于历史与传统，还是基于未来的机遇来配置资源？
- 我们是否把资源集中在回应会员需求的关键结果领域？
- 我们是把资源配置到我们已经知道如何去做的领域，还是配置到我们将要做什么的领域？
- 我们在设计并检验新项目、新服务及其递送机制上是否配置了足够的资源？
- 资源分配的边际收益在哪里？
- 哪一部分的项目效果远远低于我们最初的预想？
- 哪些项目和活动还没有进行所需支持资源的优化？
- 如何在那些表现不佳的项目或服务上减少或停止资源的投入，让我们可以把资源重新分配给哪些未来能产生更多回报的项目和活动？

## 社团能够涉及多少个业务领域？

当前典型的社团模式是尝试着涉足多种业务领域。在大多数情况下，这就导致社团在这个领域干一点，在那个领域干一点，最后东鳞西爪一无所获。一个行业性社团或专业性社团同时涉足 5 个、7 个、10 个甚至更多的业务领域屡见不鲜。例如，我们常会听说，某个协会涉足继续教育和职业发展领域，同时也开展信息平台搭建业务、政府倡导的业务、出版业务、公共关系业务、网络业务、制定标准或认证的业务、会展业务和研究性业务。

在很多时候，它们就像是百货商场。百货商场曾经占据零售业的主导地位，但随后逐渐被专卖店所取代，例如：盖璞、富乐客、家居超越、玩具反斗城、威廉姆斯·索诺玛。同时百货商场中的商品只能作为库存商品打折出售。然而随之而来的是大型折扣店与百货商场抢夺市场份额，例如：沃尔玛、塔吉特、好市多，还有来自线上零售业销售的冲击，例如：亚马逊、戴尔和欧迪办公。随着商品提供商的增多，百货商场变得黯然失色。他们无法与新晋零售商的价格模式相竞争。他们试图保持业务范围的多样性，这根本不起作用。最后他们在这场竞赛中完败。

社团与当年的百货商场有着相同的处境，他们选择保持业务领域的多样性。社团这样做，从培训项目到贸易展览每个活动都容易与专业机构形成竞争，容易受到提供行业和市场信息的替代资源的竞争（大多数信息都很容易从互联网中免费获得），容易受到通过社交媒体形成的网络社区的竞争。如今百货公司的运作模式已走向没落，传统社团模式也难逃此劫。

绝大多数的行业性社团和专业性社团的规模相对较少，尤其与营利性企业相比。根据美国社团管理者协会《营业比率报告第 13 版（2008）》得出结论：社团的平均总收入是 3.8 万美元。根据 660 家社团的数据报告，52.8%的社团总收入是 5 万美元或更多，有 15.5% 的社团的总收入少于 1 万美元。

根据 2006 年美国社团管理者协会基于 1111 家社团的研究《社团管理的政策与程序：标杆管理指南》中表明：社团员工团队的衰落由下表可见一斑。

| 专职员工人数 | 社团数量 |
| --- | --- |
| 1~2 | 150 |
| 3~5 | 214 |
| 6~10 | 194 |
| 11~29 | 272 |
| 30~99 | 204 |
| 100以上 | 78 |

到目前为止，大多数社团的专职工作人员在 29 名以下，为数不多的员工究竟能开展多少业务呢？他们能出色完成的有多少业务呢？他们需要开展多少服务才能满足会员日益增长的需求，并与其他服务提供者进行有力竞争呢？

有多少行业性社团和专业性社团能够花费 100 万美元、200 万美元甚至是 500 万美元来开展业务活动呢？社团能有效支持的业务又有多少呢？

有些人会认为，业务领域广泛的成功企业并不少见。社团为什么不能仿效他们的做法呢？首先，大多数业务庞杂的企业都是大公司。社团的年收入与这些大公司的收入相比显得微不足道，同时大公司雇用的员工也远远多于社团的员工。例如：宝洁公司有 789 亿美元的年收入和 127000 名员工，亚马逊网站有 245 亿美元和 31200 名员工，凯洛格年收入 126 亿美元，拥有31000 名员工。社团根本无法与之比肩。

最近的报告表明，即使是庞大的公司也意识到更多并不意味着更好。据《华尔街日报》（2010 年 8 月 23 日）报道，消费品公司经过多年的产业链拓展、顾客群扩大都开始精简他们的投资组合。他们发现产品种类激增往往导致产品组合庞杂，使公司成本提高、供应链效率降低、消费者深感困惑，并导致受消费者欢迎的产品短缺。

如果想成为你所在领域中的沃尔玛，你需要制定一个包含你所有可能提供产品和服务的清单，你需要把社团打造成全能社团。然后，你需要问自己几个问题：你是否具有，或者你是否能获得提供每一个具有竞争力产品的专业技能？你有购买或开发这项业务的资金吗？你具备有效推销多种多样的项目的市场营销技能吗？你愿意与你最大的供应商以及合作伙伴展开肉搏战吗？对于大多数社团而言，这些问题的答案都是"不"（说实话，沃尔玛的年收入是 4081 亿美元，员工为 210 万）。

我们在提倡社团缩小服务和项目范围时会遇到的一个问题是担心"所有鸡蛋都放在一个篮子"的风险。我们愿意打赌，如进行详细研究，将会发现为数不多的、有时就是一两个项目或服务能带来净收入。尽管社团中可能出现许多鸡蛋放在多个篮子的现象，许多项目是由会费或一两个成果的项目赚取的收入来补贴的，因此实际情况是社团把所有的鸡蛋放在了 1 或 2 个篮子中。这种情形下，我们的慰藉又是什么呢？我们认为应该集中精力把你的鸡蛋放在正确的篮子里。

# 传播悖论

人们经常遇到行业性社团或专业性社团总是抱怨只有低级别的会员会关注社团项目、服务和活动，他们抱怨说会员们不了解社团提供了所有优质的服务。他们埋怨会员们不了解社团为他们做的所有重要的事情。当会员调查结果显示大多数会员对社团大力推广的服务表示"不知道"时，他们深感沮丧，摇头叹息。会员们说他们需要培训，社团在每一期会员通讯都会推送培训专题研讨会的信息，但同样只有一小部分核心会员会出席研讨会。会员抱怨保险的成本高，于是社团为会员提供一份市场上最好的团体保险计划，这份保险出台后已在市场上连续销售了 5 年之久。但仅有 20% 的会员使用它。为什么会员们不了解这些服务呢？

为什么呢？正是由于社团试图贪多求大。社团不得不去宣传和促销一份长长的服务和福利清单。而当你试图去宣传和促销一份冗长而又繁杂的项目和服务清单时，你就是在制造混乱，宣传效果明显被削弱了。

彼得·德鲁克在 1973 年的《管理学：任务、责任与实践》一书中论述过上述问题。他提到了社团业务过多是"多样化的缺点"之一，并写道："复杂性会造成沟通障碍。"

哪一个效率更高：宣传一种产品还是两种产品？哪一个效率更高：宣传单一种类的差别不大的、能彼此互补的产品，还是宣传种类繁多而彼此没有相同点的产品？

传统的社团试图宣传彼此毫不相干的差别很大的项目和服务：教育和职业发展研讨会、信息、政府倡导、杂志、通讯、公共关系项目、同行人际网络、社区服务或社会责任活动、标准、认证、团体折扣、会议、展览、研究，等等。

当我们展示社团冗长的产品清单时，会员的目光呆滞。在展示前三四项服务之后，你就失去了他们的关注。如果你不相信，这样试试：与一些会员坐在一起，给他们一份社团提供的服务清单，让他们看 5 分钟。然后，把清单拿走，让他们尽可能多的列举刚刚看到的清单内容。他们还能回忆出清单中的一半内容吗？

尽管上面列举了一连串社团项目和服务清单增长的原因，但是，很少有人会考虑到传播效果。没有人问："让会员了解我们现有的所有项目已经较困难了，那么在项目清单中再增加一项会带来什么影响？我们将如何有效地推销新项目呢？"

志愿者担任的领导人可能会说："其实不用费什么事儿。只需在通讯中提一下新项目就行。"于是，本就混乱的项目清单中又将再增加一项。没有人会反驳说，增加一项会员福利会给传播带来新挑战。与其去推广新的、很可能是边缘的服务，还不如致力推广一个久经考验的或日渐成熟的服务。

事情变得更糟。对于社团来说，传播和认知方面产生挫折的一个常见反应是社团增加推广频率。他们通过给会员发送更多的电子邮件和纸质邮件来积极推广，但这种行为只会加剧问题。会员们被这些乱七八糟的信息轰炸到忍无可忍后，就会简单粗暴地关闭"噪声"——将你们社团的电子邮件发送者地址添加到"阻止发件人"列表中，或者直接把你们印制的宣传广告扔进废纸篓。

边际项目和服务的削减会大大改善社团的传播问题。当社团删减那些过时的、边缘的或质量下降的服务和活动后，信息就会变得更简单。信息越简单，传播能力则越强。

什么是完美的对比？让任何一个社团的主页与谷歌的主页相对比，你会看到简单的力量。

## 几乎无风险

你如何能够做出一个重大的、有争议的、充满激情的变革，而只承担很少或根本没有风险？你又如何能够保证，如果你的大胆倡议失败了，它可以在某种程度上被修复或可以奇迹般地恢复原来的样子？

如果你犯了一个错误，以至去掉了一个本不该去掉的项目或活动，你可以很简单地恢复它。

假设一种情况，我们经过深入分析、合理决策，你去掉了贵会的一个产品，同时导致了大量会员的不满。不止一部分会员，很多会员都觉得不满，抵制情绪开始流传，一些会员抗议并威胁要放弃他们的会员资格。

这样也没有问题。这表明我们应该立即恢复该产品。我们犯了一个错误，我们的评估是有缺陷的。会员们已经反馈了，并且作为会员福利，产品已经恢复提供了。事实上，你还有可能在重新恢复的过程中提高或改进产品和服务。

回到 1985 年，可口可乐公司推出的"新可乐"后，在忠实的客户中引起一片哗然。不得已，在不到三个月的时间内，可口可乐管理者紧急掉头，恢复"经典可口可乐"。通过此次错误宣传，品牌的知名度显著提高，同时也彰显了管理层所低估的产品与顾客黏合度。在六个月内，可口可乐销量的增加是百事可乐销量的两倍。当可口可乐的高管被问及新宣传是否为一种故意的宣传策略，以引发巨大的反对来引起注意时，他说："我们没有聪明到能够编排这次事件，但我们也没有愚蠢到当它发生后却不去利用它。"

如果一个世界上最人的消费品生产公司可以从一次搞砸了的产品撤销中恢复过来，那么你们社团同样可以。尽管我们并不建议通过再恢复的方法来终止一次计划，但是了解这一选择的可能性，能够增加一种方案，增加从领导那里获得批准的可能性。

在大多数情况下，需要在网站上重新定义会员福利。在某些情况下，可能需要时间来协商折扣计划或其他第三方的利益。但是，几乎所有的中止程序都容易逆转。那些需要花费时间的可以在过渡时期内得到提升："应广泛需求，停掉的产品／服务将在九月恢复"。

这是你需要知道的，把社团产品和服务合理化的一个方面。它可以鼓励你下定决心，并且减少同行的反对。"如果我们叫停这项服务后受到会员投诉，那我们必须承认我们的错误，并马上恢复它。"

# 现在开始

这七个问题的目的是激活社团能量，帮助你从一个不同于传统的视角看待服务和产品线、挑战传统思维，并取得领导和员工的重视。这些问题可用来分析和设计考虑未来的利益项目。

- 哪些项目或服务一直都只吸引一小部分人？哪些项目或服务一直吸引大部分人？

- 哪些项目或服务达不到预期效果？特别是，哪些项目在经过努力提高其效率的尝试之后仍然达不到预期效果？哪些比预期表现更成功的服务被取消了？

- 哪些项目的运行需要其他营利项目的资金来补贴？如果这些项目是有价值的，为什么我们还要去给予资金补助呢？哪些项目在所要求的资源全部到位后会产生较大的利润？

- 哪些服务在其项目周期里已经达到成熟阶段或下降阶段？哪些服务处于上升阶段并有很大潜力？

- 哪些服务是随处可得的？我们是服务的唯一提供者还是市场领导者？哪些地方我们的市场份额低？哪些地方我们的市场份额高？

- 哪些活动或产品不仅消耗我们的资源，还消耗了我们寻找其他机会的精力和创造力？哪些特有的服务配得上我们无形的投入（如智力资本）？

- 哪些服务与过去的市场行情相契合？哪些服务能适合于当下高压力的市场、行业或专业发展趋势？

# 数据收集

大多数社团的组织文化是抵制变化的，他们倾向于维持现状。社团的传统和处事规则已不能支撑社团有效地利用资源和做出正确的抉择。领导不愿意与同行有所交流，学会员工也不愿意与员工有所接触。大多数情况下这可以归因为"搞好关系意味着支持"，因此，不要为了自己的项目来削减他人的项目和活动。我们只是为他人提供一切。这样一来，大家都很满意。但是他们会发表一个声明：反正我们的项目也不需要太多的支持。

永远不要忘记改变社团的传统和组织文化需要付出巨大的努力和大量的时间，而且我们提出的建议与传统的思维方式大相径庭。如果想要改变，需要对未来的领导和工作人员灌输这些观念。如果不是，很容易走老路，重蹈覆辙。

许多人将会尝试做出改变。许多领导和员工在目前的项目和服务中都有利害关系，他们中的许多人都参加了项目的开发，很自然地会倾向于保护这些项目。有影响力的学会会员要么支持特定的活动，要么已经是长期服务的用户和项目参与者。大多数理事会或员工会保持固有的心态，即"更多的服务意味着更多的价值"。

对服务和项目进行彻底变革会遭遇到的试图使其停留在原状的阻力是很现实的，除了来自财务上的压力之外，阻力还有可能来自情感方面或是办公室政治方面。

你不能在没有数据支撑的情况下定义未来产品和服务的精细范围。数据是你努力的关键。没有数据，你会极易受到情感的挑战和政治的摆布。没有事实的资料，讨论可以被操纵。有效的信息将是一个强有力案例的基础，也是可针对情感或政治诉求而做出的，是唯一的一种富有效率的回应。

在一次由专业学会的理事会和委员会参与的大型会议上，某学会提出了一项取消地方分会的计划。会议室中的每个人最开始都是地方分会的领导者，他们与地方分会之间的联系尤其紧密，即使这样，很多领导者也认为地方分会的时代已经一去不复返了。在讨论的某个节点，一位分会的前会长说："地方分会是学会生存的血液，我们怎能淘汰他们呢？"

但后来事实是，现任学会会长做出回应："虽然我理解你对地方分会的历史和个人感情，但我必须提醒你，最近的与会人数表明，在过去的一年里，只有14%的学会会员参加过一次会议。这相较去年的16%，五年前的24%的比例是下降的。如果超过80%的分会会员都不参加会议，分会还能是我们的'生命线'吗？"

他还说："除此之外，分会的调查报告中表明 11 个分会中有 8 个理事会职位空缺，而且他们无法填补。有些职位已经空缺多年。此外，有 3/4 的分会无法招募到会员来担任会长一职。由于找不到服务对象，有 4~5 个分会的理事会成员、高级管理人员、会长都被总会召回。鉴于这样的情况，地方分会还能是学会赖以生存的'血液'吗？"

最终，学会资助地方分会运作的资金大约是每年 35000 美元，这大约占到学会预算的 25%。在我们有机会在缺乏资金支持的教育项目和信息技术项目上投资时，我们怎能把我们宝贵的资源分配到收入和参与程度均日渐下滑的分会上去呢？

在缺乏数据支撑的情况下，盲目开始社团服务合理化的讨论，这是失败的前兆。你需要准备收集运作不佳的项目的趋势信息和利用率情况。你需要对特定项目和服务的资源分配情况进行分析，同时，也要对营利情况以及不足进行分析。

## 项目和服务评价矩阵

下文所说的矩阵旨在帮助社团对自己的项目、服务和活动进行关键的评价。类似于会员相关性矩阵，该数值评定是为了减少偏差和主观因素的影响。"被迫选择"法避免了给理事会高分的情况。

在第一列中列出所有社团项目、产品、服务和活动（有时把这份清单放在一起会很有启发性）。大型的、结构复杂的社团需要专门的部门来做这项工作。

统计所有项目、服务、产品和活动的数量。将总数除以 5 作为你的"评级数量"。例如，如果你有 30 个项目和服务，除以 5 之后的评级定额是 6 个，即一共有 6 个级别。定额限制了你申报的高分项目个数，也限制了你申报的低分项目个数。

在每个列标题下，应该给每个项目或服务从 1~5 赋值。"5"是最高或最

| 项目、服务、产品和活动 | 任务关联性 | 项目在生命周期中的所处阶段 | 会员贡献率 | 财务业绩或潜力 | 员工和志愿者的有效利用 | 其他资源可得吗？ | 我们会从今天开始吗？ | 总计 |
|---|---|---|---|---|---|---|---|---|
| | | | | | | | | |
| | | | | | | | | |
| | | | | | | | | |
| | | | | | | | | |
| | | | | | | | | |
| | | | | | | | | |
| | | | | | | | | |
| | | | | | | | | |
| | | | | | | | | |

受欢迎的等级，"1"是最低的等级。当然，你必须在"评级数量"的限制下进行赋值。例如，上面的示例中提到的 30 个项目和服务的定额分配方式。

你可以只给 6 个项目 5 分，也可以只给 6 个项目 4 分等（是的，必须有 6 个项目赋值为 1 分）。我们建议你首先填写 6 个 5 分的项目，然后填写 6 个 1 分的项目。紧接着填写 6 个 4 分的项目，然后是 2 分，然后是 3 分。

水平加总得分，然后用 excel 表将其按照从高到低的顺序进行排序。然后反问自己为什么还要继续开展排名倒数前三的项目和服务。

使用上述矩阵将使你对产品和服务做出客观的比较，而不需要担心既有的看起来神圣的原则或是政治上的雷区。那些"神圣"原则和政治"地雷"会妨碍社团对自己提供的服务进行合理的评价，也不利于社团潜力的发挥。这样做，能把宝贵的资源节省下来备用，不论在财务上、还是在人力资源上都是如此。随着社团资源的日渐丰富，许多问题变得容易解决，我们将在下一章讨论这一问题。

**第六章案例研究 1** 　　激进的变革：通过聚焦业务管理社团

社　　　　团：美国工程承包商联合会（AGCA）

预　　　　算：1700 万美元

工作人员数量：65 人

会 员 数 量：33000 人

**案例研究：**

像很多社团一样，针对会员的需求和委员会意见，美国工程承包商联合会每年都新增产品和服务，很少间断。但在 2005 年发生了改变，美国工程承包商联合会的高级管理人员为了缩减联合会产品和服务的范围进行了为期两天的重新审查。

据其首席运行官戴夫·卢肯斯所说："在重新审查的过程中，我们会问，'如果你是从零开始，你会如何分配你的时间和精力呢？你会削减哪些项目呢？'我们想到了五个关键领域，在这五个领域中，投入更多的精力和资源将会使我们更成功。"

作为分析的结果，该联合会削减项目的重点确定在五个关键领域：安全产品、合同文件、管理教育、监督培训以及组织的年度会议。通过强调一些项目，淡化一些项目，我们的非会费收入会显著增加。

某一个项目重点的转移意味着内部的变化。现代员工的反应度和主动性较低。卢肯斯说："你最基础的工作是，如果你需要开发产品，告诉我们这些产品是什么。如果你想开发产品，如果你想发展其他服务，让我们对其做出预算。"

业务重点的转移也改变了产品的销售方式。联合会补充市场资金是为了提升产品而不仅仅是服务会员。"我们按照合同开展业务。"卢肯斯说。因此我们会问："如果你们想签一个合同、做一项服务，你将如何去做？"这也可能会涉及非会员，比如一些美国律师协会的会员，他们可能并不是美国工程承包商联合会的会员，但他们可以与联合会的会员签有业务合同。"我们既向会员出售产品，也向非会员出售产品。"卢肯斯回答。

业务重点的提升会带来产品质量的提升。"我将以管理培训项目为例。"卢肯斯说，"初始的工作簿实际上是由我们的会员编写的。随着时间的推移，我们逐渐偏移了最初的方向。通过采取以上的改进措施，我们将此项工作定为优先级很高的项目。我们聘请了外界的专家和课程开发人员来参与编写，到后来，我们12单元的系列丛书变得更加专业，我们的培训流程也更为专业了。"

美国工程承包商联合会有了新的专业意识和意愿使花出去的钱能够赚回来，但见效并不那么快。"不是所有投资换来的都是即时收入。"卢肯斯说，"在某些情况下，我们必须要有耐心，我们需要花费几年时间来等待投资真正得到回报。"

虽然投资产生了额外的收入，同时也改变了员工结构。卢肯斯认为："在管理协会等社团的专业领域，获得成功者常专注于满足会员的需求。但我们做的这项活动真的不是只盯着取悦会员，我们的活动是关于创造会员价值的，在我的脑子里，这是一项不同的活动。"有些员工放弃了，也有些进行了自我选择，人们意识到这里和他们以前工作的地方不同了，这就对了。卢肯斯奖励员工们的付出，并指出，尽管他没有使用正式的奖金结构，一些人还是能够得到相当不错的绩效奖金。

卢肯斯之所以能够得到上层的支持，是因为他意识到雇用专家的好处，不仅仅在于增加了收入，提高了产品的专业性，还在于所有这一切最终受益方都是会员。通过由内而外的改变，美国工程承包商联合会提升了其价值和收入，这样的组合吸引着每一个社团，而且识别关键领域、聚焦业务重点的方法可以被任何一个社团来复制。

## 第六章案例研究 2

**协　　　　会：** 艾奥瓦州建筑商联合会（MBI）

**预　　　　算：** 400 万美元

**工作人员数量：** 22 人

**会 员 数 量：** 2100 人

**案例研究：**

在 2003 年，艾奥瓦州建筑商联合会做出一个冒险的决定：社团应专注于其确定的核心功能。这一核心功能与会员关注的优先度相关，并与让什么产品和服务退出相关。通过缩小业务重点，该联合会已经能够为会员开发更深层次、更富有意义的服务项目，包括信息和劳资关系服务项目。其结果是保留 5% 的原有项目。

"我们有工作清单，我确定其他人都没有读过它。"理事长斯科特·诺维尔说，"我知道可以一次性通过这个清单。"虽然他们没有中断项目，但员工不再把时间和精力放在那些边际利益或利润上。要确定业务重点应该放在哪儿，艾奥瓦州建筑商联合会对会员进行了调查。该调查显示，安全是一个优先事项，该联合会开展了二次调查来发现安全感的哪些方面对于会员来说最重要。这些信息有助于开展深度的会员服务，其中许多服务是通过互联网传送的。

除了更充分地开发与会员相关的服务项目，艾奥瓦州建筑商联合会还补充了一些先前提供的收费的会员打包服务。对会员基础服务的改造使得联合会更充分地诠释了自身价值。诺维尔说："考虑到经济和行业的萎缩因素，我们的会员保留和增长数量已经很可观了。"

通过开展深度的会员服务项目，并削减掉其他一些服务项目，艾奥瓦州建筑商联合会已经能够与会员进行有效沟通。"这个过程使艾奥瓦州建筑商联合会能够与会员进行更明确的沟通，可能最重要的是要理解我们的使命、结果，因为我们不是要面面俱到。"诺维尔说，"有了一定的专注度，我们就能跟踪、测量、传达和沟通我们所做的工作。"

做好联合会业务需要员工意识的转变,包括在某些方面扩大员工队伍,以及对现有员工进行培训。诺维尔说:"我们必须确保我们有合适的工作人员,他们经历过适当的培训,并采用适当激励方式使得他们不仅能够回答会员提出的问题,还可以解决会员没有要求的事项。我们必须帮助他们成为高效的团队。"他认为这取决于员工的创新和解决问题的能力。正如一些员工所说,虽然理事会定下的大部分业务是通过既定议程决定的,但当有必要运用头脑风暴或需要就不可预见的复杂性进行讨论,同时,应专注于在更大范围内进行讨论以解决相应的问题。

"我们的使命是提供基础性的资源来提升会员的绩效,为建筑行业创建一个良好的商业环境。"诺维尔说,"增加现有服务的深度,根据会员需求开发新项目,这都需要联合会做得更少,但要做得更好。通过削减一些不太重要的服务,联合会能够聚焦与会员相关的业务领域,我们尽最大可能做到最好。只有真的这样做了,联合会才有可能说服会员同样也这么做。"

# 第七章 弥合技术差距，
# 构建未来框架

## 巨大的技术变革

我们建议重新定义社团的技术路径。开发和应用技术，特别是信息和通信技术，必须成为社团管理和发挥其作用不可分割的一部分。技术一直都是关于工具、工艺、系统的使用，但现有和未来技术的整体规模和发展是当前社团需要认真思考的，也需要进行资源重新配置。

技术对社团将如同生产线对制造业那样重要。在 19 世纪 70 年代，"连续加工"是在肉类包装业的一大创新。1914 年亨利·福特因为采用了生产线生产福特 Model 汽车，而使生产线推广开来。如今，生产线是制造业必要和基础的要素。

同样的，技术将从根本上改变社团创造价值的方式。它将增强或取代现有的价值创造方式，它将采用以往难以想象的新方式来增加价值。在未来，高效的社团必然是以技术为基础的。

现有的社团服务模型是让会员走进社团，参加活动：会员们亲自到场来参加会议和研讨会、参加委员会或工作小组会议、参与筹款活动、出席展会。以技术为本型的社团将会扭转这一局面，使得社团跟随会员，并随着移动技术的爆炸性增长，无论会员在哪里，社团都如影随形。不能忽视的是，如今社团的每一项功能都可以通过技术来实现：会议、教育、交流、筹款、注册等。

如果社团不彻底改变他们对技术的认知，他们将无法面对未来的发展。他们必须增加对新技术的资源分配，他们必须付出更多的努力来使用新技术。总之，社团必须采用新技术，如同制造商采用流水线。

这一章不是讨论社团应该使用何种技术，而是讨论社团该如何改变自己对技术的看法，以及社团在面向未来的定位时技术将会起到的关键作用。尽管先进技术迅猛来临，像"科技浪潮"一样能够淹没社团，但社团应用技术较为缓慢，忽略了技术飞速进步的大环境——如同以淹没社团之势汹涌而来的技术浪潮（同样的浪潮已经席卷吞没了工业和商业，但这不是我们要讨论的问题）。这一影响带来的后果是巨大的。这是一场生死攸关的竞赛，是一场充满紧迫感的突破之旅。如果不尽快弥合技术差距，那么社团脱离会员的风险将与日俱增。他们将会像一个没有及时适应流水生产线的制造商一样被淘汰。

技术大潮势不可挡，其重要性日益突显。虽然社团不能回到过去弥补因为适应地太慢而造成的损失，但他们可以马上行动收复失地。时不我待。

弥合技术差距仅仅是第一步。这是关键的一步，但仅仅是个开始。未来高效运营的社团，必须设有一个组织架构，用之以保持社团在技术上的与时俱进。这一架构需要新的技术理念的支持。

## "技术"的界定

我们在这一章提到的"技术"，通常是指社团全方位的信息、沟通和递送系统，以及其运行所需要的基础设施，包括所有的硬件设施、软件设施和支持系统。这其中包括计算机、服务器、扫描仪和打印机，包括所有的系统、编程和应用软件。当然，它也包括千禧年的技术——互联网，包括所有支持社团运行的技术，但最重要的是那些递送或增加的会员价值的信息、交流、培训、网络支持以及其他为会员带来的增值服务的活动。

# 现状：现实的案例

在 2008 年 7 月，苹果公司开发了其应用程序商店。社团有好几个月甚至是更长时间并没有认识到其即将带来的影响。到 2010 年 4 月，至少 185000 款应用程序被开发。在仅仅 9 个月的时间应用程序的下载量已经突破了 10 亿。而这些应用程序中有多少是社团开发的呢？在社团出版物中最早提到应用程序的例子之一是在 2010 年 4 月，距离应用程序出现已经晚了两年。美国公交汽车协会开发了一款用于其贸易展会的应用程序，它提供了一个每天的活动时间表，并附有贸易展会各个时间段的详细说明，并链接到演讲者提供的材料。与会者还可以选择他们想去参观的展位，展位用数字编码，这样便于导航。

虽然许多社团后来开始跟风，但当涉及技术时我们能观察到社团领域普遍落后的现象。甚至美国社团管理者协会承认社团在社交网络方面已经错失良机："我们在社交媒体上终于都从起跑线中跌跌撞撞地出发了，是时候追赶机遇了。"（今日社团，2009 年 7 月）

# 社团的技术理念

从数据库的运用到数字通信，再到社交媒体参与，社团在采用新技术方面一贯都是严重迟钝。虽然当前论述的焦点是社交媒体惊人的发展和其巨大的规模，但社团面临的技术挑战远远不止这些。这仅仅是社团技术长期落后的冰山一角。

社团在技术应用上的失败背后有几个原因。在多数情况下，社团失败是多种因素的综合作用的结果。而主要原因之一是社团在技术应用方面的理念，至于如何改变观念才能让社团与时俱进赢得竞争，考察社团技术理念将会提供很多启示。至少有七个观念上的问题导致社团在技术上的落后。

### 理事会的理念

简言之，理事长通常与技术进步相脱节，尤其是以互联网为基础的技术。大多数理事长未曾察觉发生的变化。但在某些情况下，即使是对技术进步有所了解的人，也将轻视新兴的技术，把它只看做风靡一时的或小孩的游戏。自 2000 年以来，我们与理事会共事时发现，当 You Tube、Facebook、LinkedIn、Twitter 这些社交软件已十分著名，且应用甚广时，理事长们对这些社交软件仍并不熟悉。

当被问及社团和社交网络时，大卫·努尔回答得很好。他说："他们知道这一点，但他们对它的了解，尤其是从一个战略性的视角，是十分有限的。理事会的这帮人，谈及社交网络时轻描淡写，视若无物，他们不是确定社交网络是否重要的最佳人选。他们的会员早就开始应用这些软件了……"（今日社团，2009 年 5 月）

虽然理事会由对技术持有不同观点的人组成，有些是早期采用者，有些是晚期采用者。晚期采用者是主要障碍，他们甚至以自己没有邮件地址为荣。

即使理事会中有早期采用者也不能保证社团将会一直处于先进技术的前沿。以我们的经验，很遗憾，在早期采用者中有个别人夸大其技术娴熟的程度。技术方面的知识比较薄弱的理事长们，多少有点感受到威胁，因此推迟把技术决策交给这些自诩知道社团技术发展方向的人。曾经有一个社团，花费了数万美元，付出了多年努力，实施一个志愿者的技术点子，最终被证明是有显著缺陷的。

社团笨手笨脚地迎接技术机遇的方式，完全足以证明第二章中提及的"能力本位的小型理事会"是有必要的。在我们的案例中，一个关键的能力是理事会成员可以带来对技术潜能的高水平认知和了解，而且知道社团应如何利用技术。能力本位的小型理事会，很少会出现当今那种理事会与技术脱节的缺点，而这曾让社团陷入困境。

了解有多少会员是早期采用者，有多少是晚期采用者，对制定规划很有益处。基于大量创新推广的研究，1995 年，埃弗雷特·罗杰斯在《创新的扩散》一书中提出了采用者分类方法。罗杰斯认为正常的曲线可以划分为：

- 前 2.5% 的采用者是"创新者"。
- 接下来的 13.5% 的采用者是"早期采用者"。
- 接下来的 34% 的采用者是"早期的多数"。
- 接下来的 34% 的采用者是"晚期的多数"。
- 最后的 16% 的采用者是"落后者"。

行业性社团和专业性社团理事会中似乎缺乏"创新者"和"早期采用者"。理事会中缺乏"创新者"，很难有信心和必要的知识来保障技术持续不断地升级换代。

## 低估的影响

就算人们意识到了技术进步的潜力，但往往会低估技术进步的影响。例如，会员数据库的状态是对社团管理状态的控诉。客户数据库已经是营利部门几十年来强大的营销工具。但是如果去寻找一个充分地开发、维护和使用数据库技术的社团，我们会发现这样的社团是稀有的。大多数人会同意，对于行业性社团和专业性社团而言会员是它的主要优势。但社团并没有利用技术来帮助维持、增长、开展服务和发挥该项优势的作用。回顾我们曾经与1000 多个行业性社团和专业性社团的合作经历，我们能回忆起的已经掌握并开发数据库技术的社团屈指可数。

## 资源配置不足

大多数情况下，社团配置给技术开发的资源严重不足。社团往往吝啬地视技术方面的投资为一种系统定期升级，而不是对社团未来至关重要的投资。他们不安排员工来专门从事技术工作，而是雇用独立的承包商进行定期维修。许多社团，甚至可能是大多数社团，在组织体系和员工配置方面犹豫不决。对于有的社团而言，就是一个舍不得花钱的简单问题（同时，他们年年都在向其储备金拨款，然而这实际是以社团技术的未来为抵押，用一大笔应急基金营造一种安全感。在我们的经验中，大多数社团会储存盈余，他们可能会使用它，但是他们不知道何时或如何使用。向一个社团的领导索要关于合理使用储备金情形的政策，我们敢打赌多数社团没有相关政策）。

**受限于传统的递送机制**

那些可以使社团更有效、更快捷地提供项目和服务的技术，受到了部分安于现状的志愿者和员工的阻挠。一个很好的例子是从打印到数字化的变革。"会员们想要纸质的通讯，这样他们就可以随时查看，当他们旅游时也方便携带。""会员们想要纸质的商行名录，这样他们可以放在办公室书架上。"这种思维也影响对教育服务、建立关系网等的态度。"会员们想要一个课堂教学环境；他们不想通过电脑屏幕学习。""会员们永远都会想面对面的交流。"

尽管上述论断在某些方面是可取的，但他们忽视了很多会员希望可以一天 24 小时、一星期 7 天方便地获取信息和教育服务。我们参加的某一场会议中，一个年老的会员问一个年轻会员他平时阅读多少纸质出版物。此时有一个尴尬的沉默，年轻人试图想起哪怕一份纸质出版物。结果他举起他的苹果手机说："我不阅读纸质出版物，我获取的所有信息都来自网络。"

在讨论中所欠缺的，是技术带来的增能作用：获得信息渠道的能力，提高服务的速度和信息的及时性，了解会员行为和偏好的能力。

**不要让任何一个会员落伍**

使用新技术的最为常见的异议之一是跟部分会员难以适应变革相关。最好的例子是从纸质材料到数字服务的转变。当社团在考虑将通讯纸质版转变成电子版时，志愿者领袖和员工都表达了担忧，即：不是所有的会员都准备好了，这一转变进行的太早了。在 20 世纪 90 年代，我们听说过一遍又一遍："我们不可能变成电子通信。我们现在有的会员仍然没有邮件地址！"

社团为满足最低共同标准的思考方式付出了代价。他们推迟了变革，但是代价是巨大的。第一，进步的会员们，因为社团没有采用这一技术而感到十分失望。会员们常问："他们为什么不发电子通讯呢？这既快速又便宜。他们为什么仍然要打印出来呢？"第二，利用技术的决策时间越长，他们滞后于下一步发展的差距就越大。竞争对手却填补了这一空白。如果他们当时成为更快的采用者，他们就会更早意识到利用技术的益处，对其他新兴技术及其潜力的理念就更加开放。例如，当社团在从纸质到数字传输的改变畏缩不前时，他们就落后于移动技术突飞猛进的大潮。

## 对于改革失败的恐惧

社团与其他组织在技术使用上及时决策没有任何区别。但这还是有些影响。如何知道什么时候该投资呢？如何知道更好的一个版本不会很快开发出来？你是否应该再等一会儿，看看是否还会有新发展？社团本来就不会以速度著称。因此，我们发现社团对这些问题的答案通常十分谨慎和保守，这加重了社团决策的迟缓。

## 不愿放弃控制

先是邮件组服务，紧接着是社交网站，社团拒绝开放式的网络众筹和对话。在这些形式中，社团几乎没有对话的控制权。担心社团论坛中会员诽谤和攻击其他会员，这让社团的领导和管理者失去对网络平台的兴趣，他们更倾向易于掌控的传统机制。法律顾问发出强烈警告，并敦促要谨慎对待此事。但是当社团由于这些担忧而延迟决策时，会员们去其他网络平台和社交网络享受服务。因此，很多社团被排除在技术竞赛之外。

# 社团的进步哲学

面向未来，社团关于技术理念应反映以下观点：

**利用技术的潜力，特别是基于互联网的技术，势在必行。**社团管理人员和领导层应该认识到，如果不更多地把技术作为社团运行的基础，后果严重。技术会改变人们看待社团的方式，并且是造就社团竞争地位的一个关键因素，对于社团突破传统在竞争中胜出也会发挥至关重要的作用。

**制定指导挑战性决策，一项不可或缺的综合技术规划**。没有规划，社团将继续彷徨。规划能确保拥有足够的人力和财力，新增产品的优先顺序，技术升级，实现增能。探索新技术需要额外的资源。把钱花在技术上不是答案，但是社团的确需要在技术上给予更高比例的预算，把资源从其他领域转到满足自身发展的需求上。

**认为你总能"后来居上"是一个极其危险的假设**。当一个社团在推迟、拖延时，其他的替代供应商及竞争者就会填补空白。当社团再来的时候，需求通常已经满足了，会员也选择了其他替代的服务方。

**冒险是必要的**。社团需要下定决心敢于冒险，允许失败，将其视为推动技术发展的必要代价。

**不要让"晚期采用者"会员成为束缚**。如果这种情况发生，会使社团面临另一种风险，即有可能会失去那些进步型的、技术的早期采用者会员，而正是这部分会员才体现了未来会员的特征。

# 行动起来

社团可以从这三个领域接触技术前沿：在必要的地方做出"赶超"、形成制度化的理念以及构建未来发展的框架。同时，社团也会遇到来自更好的规划、更多的资源配置、更完善的风险承担能力的挑战。

# 全面的技术规划

社团一定要做出全面的技术规划，原因如下：首先，技术，特别是基于互联网的系统和平台，对社团的发展和绩效方面的作用将会越来越大。其次，技术进步的速度将继续加快。伴随着技术进步，社团将迎来重大的技术革新机会，这带来了如何适应技术、如何配置资源的难题。最后，相关的风险将会增加，这对于一个毫无准备的组织而言无疑是致命一击。因此，必须制定规划。

目前，只有 42% 的社团有正式的技术规划／战略（数据来源于美国社团管理者协会 2006 年政策和规程）。由于规划还可能被废弃或未能实施，可以说，仅有 25% 的社团能够按照规划有效地指导技术决策。超过一半的社团甚至没有一个规划，这也印证了我们的断言，很多社团低估了技术的影响和潜力。如果他们知道技术的重要作用，自然会明白制定规划的必要性。

试图做出技术方面的变革，应当从社团的整体战略开始。该社团的重点和关键领域是什么？技术规划的主要作用是支持战略计划中的优先事项。你如何利用技术来实现你的目标？

技术规划同样应该明确如何应用技术提高组织效率和生产力，虽然很难证明技术投资回报率，同时也很难说电脑和软件并没有明显提高员工绩效。

技术增强了社团的能力，使其能够为现有项目、服务乃至服务递送系统附加新的价值。技术的贡献，应得到充分的认可。而这正是可以使一个社团赶超大多数同行的关键所在。

技术规划应该研究增加价值的机会，这是我们以前不可能发现的。这就要求我们保持对技术潜力的敏感性和测试程序（后文有述）。大多数的社团在技术进步过程中，会受到传统项目、传统服务向新技术递送系统转变的限制，就像纸质通讯转变为电子通讯，或者是传统的讲座转变为在线研讨会；虽然是值得称赞的，但由于社团传统范式的限制，仍然缺乏真正的创新。他们没有去思考，目前有哪些事是过去不可能做的而现在技术能够做的。

在线交易的发展支持了我们的观点。通过在线虚拟展会，我们也可以看到传统的贸易展设置：展位和通道。开发人员将现实存在的事物搬到了网络上。但更具创造力的说法是："目标是把买家和卖家放在一起。哪些现有技术或正在开发的技术可以搭建这种平台实现互动？"

技术规划必须考虑维持社团现有技术的费用，包括设备更新、软件升级、网站托管、网络服务、员工培训与发展等。

了解维护和操作当前设备、系统和软件的相关成本是非常重要的。维护和运营成本包括软件升级、设备替换、系统更新、网站托管、服务合同、互联网连接费用、安全性、病毒防护，以及更多的因素。但如果所有预算都用于维持现有技术，社团会被甩在后面。

这些成本可以是相当大的，这部分成本要是没有预见到并制定预算，对于社团探索新技术机会的努力可能是不利的。如果低估了成本或没有充分估计成本，这部分成本会占用测试和开发新应用技术的资金。

## 资源配置

社团几乎不可能分配足够的资源给技术。在过去几十年里，增加资源配置的必要性不断增长。有人可能会说任何一个组织的挑战或不足都可以用更多的资源来解决。但是我们在第六章中指出，从一开始，社团的资源就没有被很好地理解和运用。一旦承诺造就一个技术驱动的未来，那么就可以开始寻求资源了。一旦人们理解技术的承诺，做出重新分配资源的判断则会更容易，关于投资回报率的清晰图景就会呈现。

## 技术总开支

典型的社团年度预算分配给技术的比例是不够的。大多数社团在技术问题上通常自欺欺人。

根据美国社团管理者协会 2008 年的第十三版的运营比例工作报告（ORR）显示，社团在技术（包括与技术相关的人力成本）方面的支出占年度总预算的比例是微不足道的 1.6%。其明细如下：

| | |
|---|---|
| 硬件 | 0.5% |
| 软件 | 0.4% |
| 网页设计 | 0.5% |
| 网络服务供应商 | 0.2% |

社团平均有 380 万美元的预算（2008 ORR），其技术支出只相当于拥有一名全职技术员工的预算。进一步分析技术岗位（包括信息管理员、网络工程师、网站管理员、软件开发人员、网站内容协调员 / 经理、数据库管理员）的薪酬，数据显示所有技术职位的平均年薪为 78900 美元（美国社团管理者协会，《2010 年薪酬研究》）。除此之外，再加上 30% 的工资"负荷"，将会把薪酬增加至 102570 美元（工资"负荷"指的是额外的费用，如工人赔偿、医疗保险、退休计划、社会保障和医疗保险，这些提高了实际工资标准）。

这意味着典型的社团年收入为 400 万美元，"技术支出"达到每年 166570 美元（64000 美元的非工资性支出和 102570 美元的员工薪酬），或者占到年度总预算的 4.1%。

因为社团在规模、结构、服务、地理等因素上存在显著差异，而且由于采用技术的标准不同，因此采用一刀切的技术模式是愚蠢的。但你不能满足于打"我们不同"这张牌——除非在社团技术利用能力方面想落后于他人。

我们提出了两个选项，用于确定技术支出增长标准：①基于技术开支占比制定出一个目标；②参考社团为实现类似价值而开展的活动或履行职责所需预算来建立技术支出标准。

我们对信息技术支出进行分析、基准点测量后发现，不同行业支出在总收入占比有很大不同。而且我们也遇到了关于应用收入－支出比是否合适的争论。据 IT 分析师马克·麦克唐纳说："我们需要认识到，指标已经没有任何意义，因为分子不影响分母。"你还不如去衡量理事会的权力，并将其与销售的变化对比——它们有相同的"关联"逻辑。

除了变化和有效性以外，社团还需要一些指导。我们将承担风险来激起辩论、分析，并提出社团应该考虑到花费 7%~8% 的净收入用于技术，包括技术方面的人力支出。这意味着一个"典型的"社团每年有 400 万美元的年收入，其技术方面的总花费应该达到 28 万 ~32 万美元。

使用这一层次的分析和假设的目的是显而易见的。如果你所在社团同意这个标准的技术支持经费，你将如何行动？你知道投资哪些项目吗？你将会填补什么空白？你会把钱投入到信息技术的哪个方面呢（请不要盲目行动。如果是这样的话，在你能够掌握如何明智的投资技术之前你应该把经费投入到设备中）？你能证明投资就有回报吗？

这次对话的结果可能会比 7%~8% 支出的参考标准多一点或少一点。但关键是我们一直在探索和考虑潜在的可能性。社团技术支出的"等价理论"说道："我们相信，我们给予任何一个项目的年度预算或费用支出得到的回报，与花费在技术上的回报是相当的。"

因此，让我们来制定一个与我们在该领域支出相匹配的技术预算。例如，根据美国社团领导者协会 2008 年的第十三版的运营比例工作报告，"志愿者 / 管理层 / 理事会 / 委员会"的平均支出占总收入的 3.6%。如果你的技术预算明显低于这个水平，你可以为技术预算设定一个等价金额。"提供膳食"占到社团总收入的 4.2%。同样，如果你的技术预算低于该水平，你能分配给技术至少 4.2% 的预算吗？或者你可以对标邮费和航运预算的 1.7%，打印和复印成本的 4.4%，加起来设定技术支出的预算为 6.1%。基本的想法是，如果能把资金分配到打印、复印等方面，为何不能分配给技术领域以同样的资金呢？

可以肯定的是，有人会说，上面是把苹果和橘子比较，或许是这样吧。但我们试图用这种方法来激发一些思考和讨论，而不是试图拿出一个包治百病的解决方案或是用一个并不灵活的公式来设定支出水平。

# 支 出

为什么要增加技术支出？投资回报是什么？社团应该期待达到以下结果：

- 在信息的递送和交流方面，有能力采取会员们越来越倾向于接受的方式；
- 新一代的会员应用技术的速度会不断加快，我们应当与这些会员保持一致；
- 有能力克服时间、距离所带来的会员参与接受服务的障碍；
- 增值能力，这是传统服务递送方式不可能实现价值的能力；
- 抓住提升生产力和生产效率的机会。

# 资金从哪儿来？

达到"技术预算"的目标并不容易，但是在第六章中提出的项目支出方法将提供主要的帮助。在以下四个方面，你可以取得重大进展：

1. **改变向储备金拨付资金的使用方向**。鉴于技术对于未来高效社团的重要作用，我们相信技术投资远远比增加储备重要。第一步是将储备基金中的一部分贡献给你的技术预算、相关的员工或系统。

这是一个简单的问题。社团通常每年向储备基金拨款5万美元。一个社团的领导层只需要问："如果把15万美元存在银行或拿出来将一部分用于提升技术能力，三年内我们会得到什么？"

2. **改变补贴**。有关设计、递送和维持社团项目和服务费用的评估将会促进付费项目，付费项目投入远比产出多。因此，这些项目会要求从会费或营利性项目中获取补贴来维持日常运作。当你削减这些项目时，你可以节省出他们所要求的补贴，并将其重心移到你的技术支出中。

3. **提取储备金**。首先，大多数社团并不清楚储备资金用来做什么。我们在本章前面提到，缺乏指导储备资金的书面政策或准则。其次，需要使用储备资金的情况并不多。在这一章最后的案例研究部分，卡罗来纳总承包商协会的首席执行官史蒂夫·贝内特表示："我在这个行业已经43年了。我们遇到的社团运行危机屈指可数，我们不得不说'幸好，我们有足够的储备资金可以渡过难关'这种情形寥寥无几。"许多社团小心翼翼地积累储备金，数量相当于一年的运行成本，如果你仔细思考，会发现这是没有意义的。我们把储备资金放在一边，如果社团一年没有收入，就用储备资金维持社团下一年的运转？这像是胜利之后绕场一周的跑步吗？

其次，可以说，社团在科技方面的落后状态导致"重大危机"，动用储备金是合理的。如果一个社团需要赶上技术进步的步伐，这一说法多数情况下是有根据的。

**4. 增加收入**。事实上，提高技术水平带来的额外价值，与会费带来的价值将有所不同。尽管这在短期内很难实现，终有一天，社团的技术投资应该代表创收的机会。

达到必要的技术预算标准并不容易。这需要做出艰难的选择。这将要求综合上述四种来源，而且应纳入社团的战略和长远的技术规划中。

## 风险承担：试验

社团从未被期望成为冒险家。在大多数情况下，社团也不必成为冒险家。而今复杂多变的技术环境需要社团承担风险。综合的技术规划是提高风险承担能力的第一步。这份规划包括对社团技术状况的评估；对技术环境和机会的分析；技术的假设、选择、优先事项和对资源的要求。这一过程将识别风险和机遇。

解决技术不确定性和风险的另一个关键策略是建立一个包括对新兴技术进行的小型试验在内的系统。

社团可以将其技术工作分门别类划分为四组：

- 现有技术应用必要的维护和升级；
- 正处于充分开发进程中的技术；
- 不可跟风的技术；
- 应当检验新兴技术。

　　试验是就一项对技术的有限测试。当不了解一项技术的实用性或有效性时，应对其进行测试。试验的目的是降低技术投资风险，而这项全面投资原本是可投可不投的。克莱·舍基说得好："你需要具备同时尝试做几件小事情的能力。然后你可以说，'那些不起作用，让我们停下来吧。'以及'这些都有成效，我们继续吧。'至于那些不好判断的项目，我们能否尝试转换一个角度来再做一次呢？"（今日社团，2010 年 2 月）

　　试验工作必须在技术生命周期的早期开始。你必须尽早地开始试验工作，如果它们有潜力，你可以充分利用技术的影响，并使其达到最佳效用。如果你在技术生命周期中测试得太晚，你可能处于技术全面发展的位置。而当技术日趋成熟时，竞争也日趋激烈了，或许技术正走下坡路了。技术机遇的早期识别要求注意搜索媒体关于技术引进和发展的新闻报道。你的社团需要一个有组织的、持续的搜索程序来满足试验项目的需要。

　　成功试验的另一个关键因素是管理预期。试验应当在小范围内开展。当评估结果出来时，社团必须谨记，这项技术绩效也很可能是小规模的。最好的方法是在试验开始前仔细定义成功。考虑如果这个试验成功了，我们应该期待的是什么和这一成功在什么时段会发生？

　　例如，让我们回顾一下 2003 年在 LinkedIn 中做的一个小组试验（2003 年 5 月推出）。这个专业的网站看起来很有趣，而且可以提升社团的现有专题通信服务器程序的功能。测试的对象仅限于目前已使用专题通信服务器程序，由 40 名会员组成的专业兴趣小组。试验成功的定义可以是，30 天内让 20 名会员转到 LinkedIn 小组中。如果成功，在接下来的 60 天，你将努力推动另外三个兴趣小组转移到 LinkedIn 上来。

　　在这一情况下，另一更大胆的试验是，在做出前述试验的同时，尝试把专题通信服务器程序的小组转移到 MySpace（同样是在 2003 年推出）。然后，你可以比较结果，确定哪个社交网络平台运行得更好。

　　在过去的 10 年间，许多技术都将先进行自我测试：电子通信、在线指南、博客、网络研讨会以及其他。

随着未来技术进步的加速，对于社团而言有很多潜在的试验方式。但是你需要快速和果断的决策。你需要放弃那种不成功的试验，不要让该项技术苟延残喘。当你的试验手段不成熟时，可能需要重新试验。但是，试验将会使你了解行情，确保你所承担的风险是可控的。

# 技术选择矩阵

如同会员市场细分和产品、服务组合一样，一个矩阵可以帮助你识别技术领域、测试社团所需要的技术。数值评估的目的确保在做技术决策的时候对关键要素的评估是客观理性的。"强制选择"的做法消除了理事会内部给予较高评价的倾向。

使用此矩阵的方法，如下页所示，与前几章相同：

在第一个垂直列中列出所有技术选项。所有可能的技术类型都应列出：新的／正在更新的；大的／小的机会，硬件／软件的；基于互联网的，无论是正在使用的或是正在考虑的其他选项。

合计所有选项的数量。将总数除以5作为你的"评级指标"。例如，如果你列出了25个技术选择清单，将总数除以5，你的"等级配额"是5。定额限制了你申报的高分技术个数，也限制了你申报的低分技术个数。

在每一列标题下，应该给每个技术从1~5赋值。"5"是最高或最受欢迎的等级，"1"是最低的等级。当然，你必须在"评级指标"的限制下进行赋值。例如，上面的示例中提到的25个技术选项，你可以只给5个项目5分，5个项目4分等（是的，必须有五个项目赋值为1分）。我们建议你首先填写5个5分级别的项目，然后填写5个1分级别的项目。紧接着填写5个4分级别的项目，然后是2分，然后是3分。

水平加总得分，并将其按照从高到低进行排序。使用该排名来判断社团技术预算中技术开发的优先级和资源配置。

| 技术选择 | 与战略规划优先的契合度 | 为会员资格增加新价值的能力 | 提高递送价值的能力 | 财务影响 | 提高效率和生产力 | 社团能感受到的影响 | 保持目前能力的需求 | 风险水平 | 总优先评级 |
|---|---|---|---|---|---|---|---|---|---|
| | | | | | | | | | |
| | | | | | | | | | |
| | | | | | | | | | |
| | | | | | | | | | |
| | | | | | | | | | |
| | | | | | | | | | |
| | | | | | | | | | |

## 用于对话交流的问题

使用矩阵，开始努力重视技术机遇，并通过提出以下问题，开展讨论：

- 我们足够重视信息和技术在增加会员价值上的潜力吗？
- 技术将飞速进步，并对社团开展业务的方式和传递价值的影响越来越大，这个假设合理吗？
- 我们的会员在使用技术方面是否领先于我们（例如，哪个志愿者或员工出席会议时拿出黑莓手机或苹果手机）？如果我们的会员领先于我们，你估计领先我们多少呢？
- 我们现有技术的基础设施如何呢？是否得到恰当的维护和升级？
- 我们预算中有多大比例用于维持、检测以及开发信息和通信技术？
- 目前我们有关于技术的组织规划吗（包括学习新兴技术持续培训的经费）？如果有，实施了吗？
- 我们是否有足够的员工（规模以及专业性）来确保我们与技术飞速发展保持同步？
- 我们是否从长期合作的技术顾问中吸引人才来补充现有的员工队伍，或者为员工们提供所需要的专业知识？

## 小　结

缺乏专业性、挑战性、资金以及技术规模和速度的革新，是导致社团技术上落后的主要原因。虽然这些障碍很大，但它们并非是不可克服的，特别是当一个社团同时拥有战略规划和三年技术规划时。有一个详尽的规划以及合理的、可持续的预算，社团与日新月异的技术发展保持同步是可能的。我们希望本章已经做了强有力的论证，社团跟上技术的潮流并不是一种奢望，而是必须。技术竞赛已经开始了。

**第七章案例研究 1** 　根本性的变革：利用技术的力量

社　　团：卡罗来纳总承包商联合会（CAGC）

预　　算：800 万美元

员工数量：57 人

会员数量：3000 人

**案例研究：**

几十年来，卡罗来纳总承包商联合会出品纸版的信息简报，刊印承包商会员竞标的项目信息。大约 14 年前，该协会推出了一个项目，以光盘的形式传递施工规划和说明书。会员们可以订阅一个特别版，在特别版的光盘上添加了项目计划信息作为福利。虽然尽了最大努力，卡罗来纳总承包商联合会有 80 个会员订阅光盘，但它需要 120 个会员订阅才能保本。18 个月后，此项投资已达 25 万美元，联合会放弃了这个项目。

正如大多数社团所做的那样，互联网的兴起改变了一切。一位员工对史蒂夫·贝内特（首席执行官）说的话深信不疑，互联网为社团公布项目招标信息搭建了一个必要的平台。虽然卡罗来纳总承包商联合会在光盘项目上失败了，但联合会与供应商合作，改在网上提供招标信息，以一个更有效的方式向会员传递信息。

当供应商明显没有按照会员建议进行功能性转变和改进时，员工就开始讨论开发社团独有软件以满足会员需求的可能性。这样做的预计成本是 120 万美元。尽管经历了先前的失败，员工们向领导说明这一想法，并得到了借用启动基金的许可。为了降低风险，卡罗来纳总承包商联合会邀请其他两个州的分会加入。每一个分会都将出资 40 万美元，同时共享收益。虽然有一个分会对此很感兴趣，但因为考虑到高昂的投入，这两家分会最终还是决定不参加。卡罗来纳总承包商联合会决定自己开发此项目。

这个联合会的企业家精神使它可能会冒很大风险，但同时也使它能获得更多收益。贝内特指出："我认为评价社团的运作更多的是其在商业环境中的功能，而不是联合会的管理情境……我还认为必须让员工明白，在工作中，他们是有创造力的，因为所有的新想法不可能都来自于委员会。"给领导层递交一份详细的商业计划书能够使联合会更直接、更有效地满足会员需求。

虽然很多社团认为他们的储备金都是不可动的，因此限制了有益会员服务的资金投入。但资助该项目的投入来自于卡罗来纳总承包商联合会的储备金。贝内特说道："我认为社团夸大了储备金的作用，他们通常认为必须建立和维持储备金。我在这个行业已经工作了43年。我们面临巨大压力，而我们不得不用储备金的时候又少之又少，我们必须说，我们得用储备金来支持新项目。"除此之外，他还说："在我眼里，研究与发展资金和储备金一样，同样重要。"

如今，有800家公司各支付1995美元来订阅IBuild，以此产生的年度收入有160万美元。初步保守预测表明，该项目将在5~6年内达到营利能力。IBuild的推出十分成功，卡罗来纳总承包商联合会还将在3年内还清贷款。

从长期的纸版简报到网络传递信息是一个挑战。最初，230家公司（多数是努力与技术保持同步的小公司）的线上服务开始运作、纸版简报停发之后，会员数量减少了。后来很多会员又回来了，但在项目开始的时候疏远了很多会员，这曾是一个大胆冒险的举措。

除了收入，独有IBuild的所有权给卡罗来纳总承包商联合会带来了意想不到的红利。在它拥有该软件之前，任何时候，联合会想改变它的功能时，就不得不把这个想法卖给它的合作伙伴。现在，当一个会员要求改变一个建议或要求时，员工可以迅速做出反应。贝内特说："目前，我们已经有能力开发和运行24小时在线的会员意见反馈系统。"这就是科技的力量，利用它可以让会员在他们的业务领域中做得更成功。

　**根本性的变革：领先于你的会员**

社　　团：得克萨斯州出庭律师协会（TTLA）下属名为史密斯审判
　　　　　（TrialSmith®）的独立公司

年 收 入：330万美元

员工数量：16人（全职员工）

会员数量：85000人


**案例研究：**

虽然在得克萨斯州出庭律师协会的常务理事托米·汤森的成长过程中没有用过电脑、邮件或网络，但他知道这些会给协会带来一场变革风暴。"我很清楚，所有的技术将会席卷一切。而且我很清楚，我并不知道如何使用它。"他说道。因此他做了任何聪明的管理者都会做的事情：他寻找才华横溢、知识渊博的人，他找到了并雇用了休斯·肯特。

休斯的首要工作仅仅是让得克萨斯州出庭律师协会的硬件升级，使硬件能够有效利用新兴技术。然后，托米·汤森和几个有创新精神的得克萨斯州出庭律师协会前任会长讨论，得出结果"他们下一步应该做的是通过技术给会员提供服务"。1997年，他们创造了DepoConnect（一个在线的证词数据库）。托米·汤森回忆到："一个律师会打电话说：'我记得你有一个关于某某专家的案例。你现在有他的证词吗？如果有，可以发给我吗？'这种问答将会带来海量的邮件往来。"

托米·汤森和他的团队在自动化方面做出的努力十分成功，他们开发了一款变得大受欢迎的、其他律师协会都希望采用的系统。如今，线上有超过46.8万份证词。当其他州想加入DepoConnect时，资金就进入了。"我们必须做一些内部调整，因为我们开始赚大钱了。"托米·汤森回忆到。首先是成立下属公司史密斯审判，然后DepoConnect成了营利性的附属机构，而且其发展是可持续的。

专题通信服务是下一个前沿领域，目前该组织管理的通信列表有 500 份，每天有超过 2.5 万封电子邮件往来，并且史密斯审判还沿着开发网站和网站托管的脉络发展，为 109 个社团（不仅限于诉讼律师的专业社团）提供服务。

随着史密斯审判的发展，该程序推出了一项有吸引力的协议，协议提出，根据各自下属会员使用服务的比例，使用史密斯审判服务的律师协会可以享受打折优惠。在 2009 年，超过 128 个协会和诉讼团体从史密斯审判和其网络研讨会获得了 59.2 万美元的优惠。

在 2000 年，收入的增加使得营利性附属机构的运营转向营利性公司。尽管得克萨斯州出庭律师协会是主要股东，但该协会并不从公司拿钱，得克萨斯州出庭律师协会从该营利性公司获得的资金都是通过折扣返还的方式来获得的，与其他享受折扣的协会获得的待遇没什么两样。在 2009 年得克萨斯州出庭律师协会从史密斯审判得到的年收入是 2.64 万美元。

创新仍然是史密斯审判运作的关键，它推出了一款名为 EClips 的简报服务，在每天早晨通过邮件组合递送不同来源的每日新闻；JurySmith，这项服务通过在最近的报道以及公开记录里收集的潜在陪审员背景资料，可以用于陪审团的筛选。还有 Justice Nation，专为出庭律师打造的社交网络，让出庭律师们能够轻松地联系彼此。

如今，史密斯审判的律师会员数量已超过 8.5 万人。所有的会员又都是律师协会的成员，因为达到一定程度后会要求使用者参加律师协会。会费范围从 179 美元（只能获得邮件组服务和 Fastcase 法律图书馆）到 1099 美元（包含史密斯审判的所有服务）不等。

史密斯审判的飞速发展不仅仅是由于想象力、休斯的诀窍，重要的还有领导层接受了技术开发是为了会员利益的观念。托米·汤森指出："协会中有很多怀疑者干扰我们，因为我们在开始技术创新方面投了那么多钱。你与一个开明的领导层共事是至关重要的。"他重申知识技能的重要性，比如，让休斯·肯特来担任史密斯审判的负责人。托米·汤森说道："雇用最好的员工，你才可以战胜困难，承担更多的风险。"

# 第八章　成功的策略

　　也许我们在前面已经提到，但在此处仍有必要重复：首先要考虑进行能力本位的五人制理事会的改革。余下的改革就没有那么艰难了，这种小型的、成员经过精心挑选的理事会，其取得成功的概率将成百倍增加。

　　无独有偶，吉姆·柯林斯在其《从优秀到卓越》一书中也指出，"找到合适的人"对于成就一个伟大组织的重要性。在这个背景下，我们强调的是让合适的人上车。这将从根本上改变你关于会员市场、产品线以及关于技术革新的想法，当然这不是一件容易的事。你需要组建一个团队并精心挑选领导人来领导你的组织奔向你所期望的未来。可以把你的社团比作一艘帆船，在这艘船上，理事会在桅杆瞭望台上指引方向，CEO在船舵边掌舵。还是以这个航海的比喻为例，太多的理事会理事跑到罗马战船甲板下面，忙着去划船两侧的三排桨了。

　　既然你已经知道另一项根本性变革的严重性，你就会更好地理解为什么一个精心设计的、小型的理事会对于成功的社团管理来说是多么的重要。

　　对你而言，支持五人制理事会的最好理由是它如今已经实际存在了。对于所有的社团而言，无论其规模大小，都是在一个执行委员会或指挥团队领导下运行的。那么，为什么更多的社团没有把这个普遍的做法正式化呢？

　　其他的四项变革顺序也同样重要。在你仔细对会员市场进行评估和决策之前，你很难准确地调整你的产品和服务的规模。另外，除非你真正知道你们准备提供的是什么，否则你也不宜做出技术上的相关决定。最好的前进方法是做到一步一个脚印，在上一步完成的基础上再去考虑和规划下一个步骤。

然而，如果你连第一步——升级到一个由五人组成、能力为本的理事会——都不能完成的话，其结果又会是怎样呢？事实上，在某些情况下，这一步可能确实是无法尽快实现的。但只要你转向下一步骤，一项一项地完成那些改革措施，你的组织仍将受益于那些获得授权的 CEO 和能力不断增强的员工。同时，确定会员市场、提供精准的方案和服务以及组织强大的技术框架也非常重要。

## 重点问题

那些发人深省的、语气尖刻有时甚至听起来令人不安的问题，往往可能是引发根本性变革的重要对话的最好方式。一旦你拥有一个精简的、能力本位的理事会，这些问题就将变得更有价值。在前面的章节中，我们提出了一系列问题以提高对根本性变革的各个方面的认识。这只是一个良好的开端。你们的自身环境有可能会要求你增加、减少或修改这些问题来确保适应你们社团的具体情况。作为一个提醒，下面提供一些模本：

- 哪些主要的行业或专业的变化或发展趋势已经导致了会员的个人特征（自身规模、范围、运作模式等）发生变化？
- 对比从 1960—2010 年的会员市场的细分，能发现什么？
- 哪些会员群体具有较高的不续约率？为什么？
- 哪些潜在的会员群体比较难以招募？在你们的会员招募活动中，都有谁是"难以营销、难以说服"的？为什么？
- 你是否通过配置资源来获得机会以实现组织增值呢？
- 据你所知，社团过去进行的哪些会员市场扩张行动没有产生预期的结果？如果你能让时光倒流并且让你重新决策，你将会怎样做？为什么？

- 你主要是基于历史习惯和传统做法，还是根据未来发展的机会来分配资源？

- 有哪些服务项目或活动内容未能达到预期，尤其是经过多次改进尝试之后仍然没见成效？哪些服务项目已经"浮出水面"，并且比你想象得更成功？

- 你们是否为了会员的增值而对信息和通信技术的发展潜力倾注足够的关注？

- 你们的技术基础设施条件状况如何？是否总能给予适当的维护和升级？

- 你通常是将资源分配给那些你知道如何做的事还是分配给你应该做的事？

- 你是否有足够的开发资源来测试新项目、相应的服务以及分配递送机制？

- 哪些资源是按边际收益原则分配的？

当你去解决问题时，应该牢记工作目标。首先，你要把大家的注意力吸引到这个议题上，适当地强调和督促。也就是要把它"放在桌面上"摊开来说。很多时候，一个议题有可能一直被大家所回避，可能公开强调它而让人感到不适的原因有多种。通常它可能已经被非正式地讨论过了，只是没有在理事会或执行委员会会议上正式讨论。因此在许多情况下，这样的议题一旦被提出，就会有人评论："我经常感到迷惑，之前这个议题为什么没有被拿出来讨论呢？"

如果你是一个社团专职工作人员，请考虑把这本书推荐给你的理事会理事和（或）有选择的让部分领导和员工来分享，然后结合内容进行学习和讨论。由于我们意识到任何根本性的改革都需要创新思维，所以我们写这本书的目的就是为了激发相关的思考和讨论。在本书中已经分享了我们的愿景——新奇的和一些具有挑战性的想法。与此同时，其他组织的运作经验和模式可能会鼓励你和你所领导的组织积极应用你们在本书中所读到的东西。

此外，设置议题，判断议题所涉及的范围，研究议题的潜力或后果。不管怎样都要激发引导议题落地实施来进行评估。在随后的对话和分析中，能"引出"这个议题且意识到这一需求是需要回应的。否则，可能会导致行动无法获得承认。也有一些其他的情形，领导们可能会回避或忽略这一议题。但无论怎样，你已经获得了一些有价值的信息，同时比一开始讨论时更了解这一议题了。

# 数据的重要性

一些可能给社团发展带来严重后果的问题而社团却无法对它们做出准确判断，这时你会意识到可能是因为缺乏数据造成的。

为了促使社团实施根本性改革，你必须要有客观的数据来支撑。你必须用完备的信息作为支持变革的利器。如果没有事实作为依据，你获得改革成功的概率可能为零。

每一个社团都拥有自己强大而根深蒂固的文化，他们有着深厚而悠久的历史传统，他们有着强大而错综复杂的政治势力，他们可能被那些有影响力而令人敬畏的人物操控，在许多情况下甚至可能包括一些刚愎自用的前任理事长们。他们往往只是看重现状，他们中的大多数人都是被动适应而不是主动求变的。坦率地说，大多数社团环境对于改革者而言都可能是不利的。

在这种环境下，如果没有数据支撑，你几乎没机会提出改革建议。而事实往往能成为宣传变革，尤其是根本性变革的强有力的战略资源。

不要在没有数据支撑的情况下进行尝试。在多数情况下，信息是比较容易获得的。也许你不能一下子就得到你所需要的信息形式，但只需要一点努力你还是可以获得的。这里有一些建议可以帮助你梳理你已经掌握的事实。

**不要被数据打倒**。在某些情况下，可能有相当多的数据是空洞无益的，处理它们看起来像一个不可能完成的任务。这的确需要大量的时间和繁重的劳动，但请你不要放弃。无论你想要做什么，离开了数据的支撑你不可能走得太远。

**如果你的数据中确有很多是无效的，可以对它们进行排序，然后再开始处理**。选择那些最有说服力的信息。甄别事实将是困难的，如果不是不可能的，数据将遭到反驳。所以你要思考，哪些关键数据将最能证明你的观点？

**一定要把数据汇总工作集中在一个短期的特定时间段内完成**。可以拿出两天时间，把工作人员集中起来，关掉他们的智能手机，除非处理完数据，别让他们浪费时间。事实上，数据统计对大多数人来说是有一定吸引力的。但作为结果它可能总是会被延迟。最好的方法是确定一个具体的截止期限来确保准时完成它。它是你最重要的弹药。如果没有它，你就无法战斗。

**如果得不到最完美的数据，就用你现有的最好数据吧**。比方说，你可能没有某类会员的总体续会率，那就你使用你能收集的数据吧，例如某类会员的一些样本续会率。你能进行可靠、合理地估算得出所需数据。这样统计出的数据可能不是无懈可击的，但它们至少是可以用来论证观点的。特别是当你的对手没有任何数据只是用情感诉求或模糊的假设来支持他们自己的立场时，这些数据会是很有效的。

## 使用矩阵模型

在推进组织变革的过程中，矩阵模型可能是对你最有帮助的。

拥有数据很关键，但是更重要的是，矩阵模型可以把它转换成一种易于理解的格式，有助于全面分析你所提出的议题。它为你和你的领导们提供了议题的一个全面"概览"，对数据进行分析和编排以促进决策的制定。

据我们观察，矩阵模型的理念源于社团管理层和员工在组织决策方面的博弈过程之中。其中大部分的争论基于主观立场、个人经验或观点，或是出于某种政治动机，或是使用那些未经证实的假设，而且以"我个人认为……"作为开场白。这看起来并不是一个让人可心的画面。量化的等级是我们力争将客观性引入决策过程中的一种方式。"客观"的定义是指"没有受到个人情绪和偏见的影响；以观察到的现象为基础；以事实为依据"。社团需要拥有一套工具或技术来实现并达到符合客观性。因此，矩阵模型就出现了。它通过运用一种精心选择的数字量化系统，去掉那些华而不实的信息，并把相对优先级或权重大的选项放在每个选择列表中，你将会更有可能来引导管理层做出真正客观的决定。

我们遇到的另一类问题是仅仅就议题进行决策，没有考虑具体的情境进行系统的思考。当然，对于那些零散的决策是没有战略性可言的。资源配置应该充分考虑对当下和未来工作的作用和影响。不考虑正在做或已经计划要做的事情而盲目增加服务的行为是不明智的。不去分析当前正在应用或准备应用的技术及其所产生的效果就仓促决定采用另一种新技术的行为也是短视的。矩阵模型会帮助你全面检视与另外一家社团相竞争的服务，或者竞争资源的技术，或者竞争社团支持的会员细分。任何一个好的决策都不可能是单独做出的。矩阵模型让你能通盘考虑整个情境。它不一定能使决策变得更简单容易，但肯定会使之变得更合理。

矩阵模型设计中的必选功能是不可或缺的。我们在集体评估中很习惯把所有事情都放在"优先级"或"最重要"的分组里，这就起不到多少作用了。矩阵模型的必选功能在分析过程中强行加入一定的规则，它要求你的团队做出有区分的判断和选择。

特别要提醒：人们在选择时常常容易回避。我们已经看到了一些小组成员花费较多的时间为矩阵中的某个单一选项而苦恼或犹豫不决。他们着急上火，抓耳挠腮，唉声叹气。"这是 3 还是 4 呢？我真的不知道。"有时，这样的行为往往是决策面临挑战时才出现的反映。也有些时候，它可能只是一个托词。其实他们心里知道答案，只不过他们并不想正视它而已。

对于如何建立矩阵模型，我们给出如下建议。

**花些时间来确保你们的评级要素（处在水平线）是适合你们社团的**。我们提供了一个良好的开端，但几乎所有的模板都需要一定的修改和完善，以适应社团自身的独特情况或优先顺序安排。

**要提前汇总所有可用数据**。把财务资料、调查结果，以及其他任何信息都提前准备好。确保它的条理性，以便它可以被轻易地分解成矩阵模型的评价等级。

**选择合适的人来完成矩阵模型**。这些人员应该是对所分析问题或服务项目很熟悉的人。可以是专门的工作人员，也可以是工作人员指导下的志愿者，还可以是了解矩阵模型列表上的一个或几个项目（使用率、相关的成本以及其他因素）的相关知识的人员。

**召开限时会议**。可以给与会者 90 分钟的时间来完成初稿。在社团战略规划会议之前完成矩阵模型分析，可以为社团规划小组提供可纳入其决策参考的宝贵资源。

**把矩阵模型中的评价等级转换成 excel 电子表格，并重新召集小组会议对其进行审查，并作出适当的修订**。一旦 excel 公式确立，你就可以轻松地改变相应评价等级并很容易地对之重新进行计算。

# 快速制胜

在约翰·科特 1996 年出版的《引领创新》一书中，他建议要积极创造"短期胜利"。而这些变革过程前期取得的胜利恰好刺激人们渴望持续追求长期目标。

伴随着每一次创新，你应该找到特定的机会来向外界证明变革所产生的效果和努力所带来的成就。即时宣传这些早期胜利将使对你的批评者陷入困境，并且会激励你的团队。优先选择那些可行性高的、易于量化的并且失败率低的短期目标。最好的候选项目就是那些你不用想也能确定你将能完成的项目目标。

例如，在理事会的指导下你能清晰地意识到哪些成本降低了？在既定的会员市场中，你招募了哪些新会员？在你集中资源开展的活动中，会员参与度增长了多少？对于推广的新技术，你的会员利用率如何？要确保上述这些信息能迅速而有效地传达给工作人员和相应的领导。

# 过河拆桥

有这样一个古老的训诫讲到：人们永远不应该"过河拆桥"。意思是说一旦你走过一座桥并且烧掉它，你就再也无法再重走这条路了。

然而一旦一个根本性的变革得以实施，我们恰恰要鼓励你反其道而行之：烧掉这座桥，这样你就无法倒退回到以前的架构或模式了。

你也可以用不同的方式与过去一刀两断。在规章制度的修订中把变革的内容制度化。制定成一个政策或制度，即使不能确保它不可逆，至少也可以使其难以倒退回原来的模样。同时，设计和完善相应程序以固化变革。

1519 年，西班牙征服者赫尔南多·科尔特斯在墨西哥海岸登陆，目的是抢夺阿兹台克人的宝藏。在率众上阵之前，赫尔南多命令他的部下们烧掉载他们远航而来时乘用的 11 艘船只。事已至此，战胜对方是唯一的一个选择了。如果他们要生存下去，他们就必须全力争胜。

通过烧掉你的桥梁或船只，你就能确保你的组织是充满动力的，而不是停留在对过去的依赖或当下舒适安逸的状态里。

# 准备冒险

根本性变革并非没有风险。尽管我们已经目睹和见证这种风险对于创建一个蓬勃发展且着眼于卓越、主动展望未来的社团是值得的，但它也会有潜在的危害。强制性的推行变革可能会使你的会员产生分裂和彼此不信任。如何改革的争论可能会造成僵局或进一步加剧志愿者和社团领导之间的意见分歧。不是简单的为变革而变革，如果大家没有透彻地理解你为什么这样做，则将可能造成严重的后果。而且，坦率地说，如果你逼得太紧，有可能危及你自己的工作，并且（或）会使和你一起工作的管理团队（工作人员和志愿者）也会变得疏远你。

我们采访过的那些已实施上述根本性变革的社团高管人员都会产生一些共识。当你带领你的社团进行相关变革的时候，他们的经历将会对你有所帮助。记住这些好的建议，当你实施和推行组织变革时，你就会感到顺风顺水。

**不要孤军奋战**。这些有过变革经历的领导人都认识到，如果孤军奋战，那么变革的过程将会异常困难。首先要与跟你亲近的、令人敬重的并具有较高权威性的几个领导人那里获得支持。接着，让他们率先支持你的突破之旅。

**认识到无所作为不是一种选择**。领导和管理变革的人必须有这样的意识，维持现状始终不是一种合适的选项。因此，每当组织完成一个变革，他们就会开始寻求下一个变革。这使得领导层始终马不停蹄，并且积极关注未来。这样，当变革的规模扩大、步伐迅猛之时，也会导致领导层认识到微观管理也是困难的。

**要拥有水晶般透明的愿景和明确的目标**。当你启动变革进程时，你不一定需要知道如何实现你的愿景，但你必须能够清楚地向你的员工、管理层以及未来的合作伙伴清晰地描述它。你越能清楚地看到终点，你才越有可能跑到终点。

**要着眼于回报**。没有勇气的人可能不适合做变革推动者。因为它需要胆识、创造性和毅力。你可能会被批评甚至遭到诋毁。变革的进程可能是漫长的，前进的道路上你必然会遇到各种障碍。当障碍或疲倦突然袭来侵蚀你的精力时，着眼于变革带来的好处来促使你不断地前进。

**必要时要调整路线**。一些障碍会处于隐蔽状态，直到你的工作步入正轨时它才出现。当你碰到它们时，不要气馁。也会出现其他的意外情况，一些事情的后果可能会超出你的预期，你要慢慢恢复元气，并且争取做出比原计划更加超前或更加成功的方案。总之无论是遇到哪种情况，需要适当地修正自己的方向并继续前进。

**沟通，沟通，再沟通。然后，做更深入的沟通**。"不断地重复"是学习之母，也是记忆之母。你的工作就是设下愿景，并提醒你的团队最初为什么要从事重大变革。描绘出你愿景中社团的样貌，它是一个充满生机和活力的社团，是任何志愿者、管理层和员工都想成为其中一员的社团。这样做将会促使每个人都会变得勇往直前。

# 当今的激进变革艺术家

现代社团面临着诸多挑战：市场份额的损失、会员竞争时间成本的增加、收入来源缩减、技术的迅速进步、不断升高的会员期望值、不断加剧的竞争环境以及更加多样化的会员市场。基于对这些挑战的认识，我们需要共同开启变革之旅。

在这本书中，我们已经了解到了各种基本的变革：如何领导、管理一个社团，并思考其未来发展；我们应该如何看待会员市场；我们该怎样策划和提供不同的方案和服务。我们已经用问题、矩阵模型和应对策略来武装你，使你能够通过实施根本性的变革来引领你的社团健康发展。

未来将属于那些知道如何解决棘手问题并能及时做出正确决定——也就是用改革引领未来的社团。他们需要勇敢且有创造性的冒险家来引领和角逐以便在激烈的竞争环境中获得成功。他们获得的回报将是物超所值的。在与我们合作的协会中，我们已经一次又一次地见证了这一事实。所以从现在开始就努力工作吧，确保你的社团能泰然自若地面对未来，并茁壮成长——而不仅仅是简单地生存下去。

# 致 谢

作者衷心感谢下列人员：

Rick Alampi

John Albers

Stephanie Blodig

Gary Bolinge, CAE

Rebecca Brandt, CAE

Karen Conner

Harm J. de Blij, Ph.D.

Chip Deale

Monica Dignam

Douglas Ducate, CEM, CMP

Mike Fisher

Sandra Fisher

Mike Garcia

Steve Gennett

Donna Harman

Kent Hughes, CAE

Gary LaBranche, CAE

Dave Lukens

Lori Maarschalk

Jill Martineau Cornish, IOM

Nancy Matthes, CAE

Tiffany McGee

Shawn Montgomery, MLS

Scott Norvell

Marcia Poell Holston

Robert Prall

J.Clarke Price, CAE

Linda Raynes

Maria Saino

Steve Sandherr

Juliet Shor

Alex Siegel

Keith Skillman, CAE

Barbara Thompson

Tommy Townsend

Joseph P.Truncale, CAE

Baron Williams, CAE

# 推荐阅读

## 美国社团管理者协会的出版物

- Dalton, James, and Dignam, Monica. *The Decision to Join: How Individuals Determine Value and Why They Choose to Belong*. ASAE, 2007.
- *Operating Ratio Report, 13th Edition*. ASAE, 2008.
- *Policies and Procedures in Association Management: A Benchmarking Guide*. ASAE, 2006.

## 其他机构的出版物

- Collins, J. *Good to Great: Why Some Companies Make the Leap...and Others Don't*. Harper Business Press, 2001.
- Drucker, P. *Management: Tasks, Responsibilities, Practices*. Harper Paperbacks, 1993.
- Harari, O. *Leapfrogging the Competition: Five Giant Steps to Becoming a Market Leader, 2nd Edition*. Prima Lifestyles, 1999.
- Kotter, J. *Leading Change*. Harvard Business Press, 1996.
- Lencioni, P. *The Five Dysfunctions of a Team: A Leadership Fable*. Jossey-Bass, 2002.
- Porter, M. *Competitive Strategy: Techniques for Analyzing Industries and Competition*. Free Press, 1998.
- Rogers, E. *Diffusion of Innovations, 5th Edition*. Free Press, 2003.
- Wilcox, P. *Exposing the Elephants: Creating Exceptional Nonprofits*. Wiley, 2006.

《迈向成功——建设竞争性社团的五大策略》

中国科学技术出版社

ISBN 978-7-5046-7427-2

定价：38.00 元

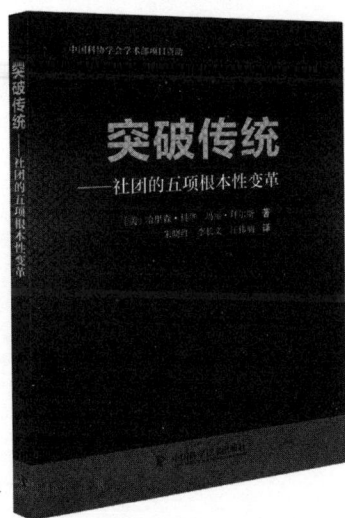

《突破传统——社团的五项根本性变革》

中国科学技术出版社

ISBN 978-7-5046-7838-6

定价：38.00 元